MADAME MALIBRAN.

MADAME MALIBRAN,

PAR

La comtesse Merlin.

TOME PREMIER.

Bruxelles,

SOCIÉTÉ TYPOGRAPHIQUE BELGE,
AD. WAHLEN ET COMPAGNIE.

1838

MARIA.

Dieu la créa, comme une fleur, dans un jour de fête; mais au lieu de la déposer doucement sur le moelleux gazon d'un parc héréditaire, ou au bord du riche parterre d'un château seigneurial, il lança Maria au milieu d'une immense et sauvage bruyère... « Va, lui dit-il, élève-toi,
» charme les mortels par des torrents de suaves
» harmonies, et lorsque tu trouveras le monde
» trop étroit pour contenir ton âme, reviens à
» moi, et les anges, parés de toutes leurs joies

» célestes, t'accueilleront avec amour et t'appel- » leront leur sœur, en récompense des maux » que tu auras soufferts et du bien que tu auras » fait sur la terre. » Et Maria, comme un météore brillant et fugitif, apparut un instant à nos yeux parée des plus chaudes et vives couleurs, nous ravit par ses sublimes accents, et, embrasée par les émanations brûlantes de sa propre puissance, se consuma bientôt et remonta au ciel comme une vapeur parfumée. Car la pauvre fille, au milieu de sa grandeur, usait ses forces avec douleur pour remplir sa destinée de gloire, et sur cette route étincelante qu'elle parcourait, toute cailloutée de rubis, de diamants et d'émeraudes, ses pieds sanglants et douloureux venaient l'avertir à chaque instant que dans la carrière des triomphes on trouve des tranchants aigus qu'on ne saurait éviter.

I

Maria naquit à Paris en 1808, mais le hasard seul détermina le lieu de sa naissance : ses parents étaient Espagnols. Son père, Manuel Garcia, fut un artiste d'une nature rare. Son organisation, toute spéciale, lui inspira de bonne heure le besoin de connaître à fond son art. Il était déjà un fort agréable chanteur et avait composé plusieurs petits opéras qui avaient obtenu du succès sur le théâtre du Prince à Madrid, lorsqu'il sentit que son éducation musicale était imparfaite, comme toute autre éducation l'était en Espagne à cette époque, et, mécontent, inquiet, poursuivi par ce vague désir de mieux faire, il se décida à quitter son pays avec sa famille, et vint d'abord à Paris, où naquit Maria. Peu de temps après, il passa en Italie. Là, après s'être livré à d'incessantes et consciencieuses études, il forma son école et revint à Paris. Alors il avait atteint l'apogée de son talent. Ses succès comme grand acteur et grand chanteur furent complets dans tous les genres. Personne n'a pu encore le faire oublier dans le rôle du comte du *Barbier de Séville*, dans *Otello* et surtout dans *Don Juan*. Ce fut lui qui se chargea de l'éducation musicale de sa fille. Mais, d'un caractère bouillant, intrépide, d'une volonté tenace, il la soumit à de dures épreuves.

Les premières années de Maria furent tristes

et pénibles. Ses dispositions pour l'art de la musique ne se développèrent pas tout de suite, et comme elle y rencontra des difficultés qui la rebutèrent d'abord, elle se trouva aux prises avec l'inflexible volonté de son père. Malgré les obstacles que la nature lui opposa, la haute intelligence de Maria, son instinct prodigieux de l'art, joints à la trempe ferme et résolue de son caractère, ne tardèrent pas à créer chez elle cette opiniâtreté au travail seule capable de mener aux grandes choses, et quand elle avait vaincu d'immenses difficultés, elle avait encore la confiance intrépide que donne la conscience d'un ferme vouloir pour les exécuter.

Lorsqu'on songe à tous les inconvénients que lui opposait son organe, et au résultat que son génie et sa persévérance en obtinrent plus tard, on est émerveillé des prodiges que peut enfanter une volonté puissante dans une nature énergique et forte.

Ce courage qu'elle opposait aux obstacles,

Maria le dut autant à la mâle éducation qu'elle avait reçue qu'à l'influence de la nature et du talent de son père.

Garcia ne comprenait pas qu'on pût se laisser dominer par la crainte ou la timidité. Il ne pouvait entendre dire *je ne puis pas* sans colère ou mépris. C'est avec de telles convictions qu'il mit à profit les trésors de génie et de sensibilité que sa fille recélait dans son âme.

La voix de Maria était faible d'abord et peu caractérisée ; les cordes basses se trouvaient naturellement peu développées ; les tons aigus étaient durs et rares, le médium très-voilé, et son intonation douteuse laissait craindre qu'elle n'eût point d'oreille. Elle m'a raconté que souvent, lorsque son père la faisait travailler, au commencement de ses études musicales, il lui était arrivé de détonner si fortement que le maître, emporté et au désespoir, quittait avec précipitation le piano et se sauvait à l'autre extrémité de la maison, tandis qu'elle, encore enfant et déjà sentant fermenter dans sa poitrine ce feu d'artiste qui devait l'embraser un jour, courait après lui, le tirait par l'habit, toute en pleurs, le suppliant de recommencer..... « T'es-tu entendue fausser? lui demandait son père. — Oh ! oui, papa. — A la bonne heure, recommençons. » On voit par là que la volonté de Garcia était éclairée par l'instinct du *possible* et qu'il sentait bien qu'un ferme vouloir est impuissant à vaincre de certains défauts organiques.

J'étudiais un soir un duo avec Maria. Garcia écrit un passage et lui dit de l'exécuter (elle avait alors quatorze ans). Maria essaie, ne réussit pas, se décourage et dit à son père : « Je ne puis pas. » Le sang arabe de l'Andalous s'allume, et fixant sur sa fille des yeux étincelants... « Qu'as-tu dit?... » Maria le regarda, frémit, et joignant ses deux mains, dit d'une voix précipitée : « Je vais le faire, papa. » Et aussitôt elle exécuta parfaitement le trait. Elle me dit ensuite qu'elle ne pouvait pas concevoir comment le trait avait été fait : « Le regard de papa, ajouta-t-elle, a une telle influence sur moi qu'il me ferait sauter d'un cinquième étage dans la rue sans me faire mal. »

II

Dans ses premières années, Maria avait les apparences d'un enfant délicat, dispositions qu'elle conserva même plus tard, et pourtant il est difficile de trouver une femme capable de supporter de si grandes fatigues et privations, mais la vie était en elle grande, ardente, superbe. Aussi son corps, débile et nerveux à la fois, toujours en lutte avec ce *feu Dieu* qui fermentait au dedans d'elle-même, cédait parfois. Alors Maria pleurait et s'évanouissait : on l'aurait dite morte, mais son âme vaillante se réveillait bientôt plus hardie que jamais et courait impétueuse de nouveau où l'appelait sa destinée. Son ardente passion de l'art, la fougue de son ambition, dévoraient son âme et, l'élevant pour ainsi dire au-dessus de sa propre nature, lui faisaient atteindre le sublime dans le chant, l'héroïsme dans son abnégation et la rendaient un objet d'étonnement pour tous ceux qui l'observaient de près.

Passionnée, véhémente, elle était souvent entraînée hors de la réalité, mais il était toujours facile de la ramener lorsqu'on parlait à sa raison ou à sa générosité. Elle avait éminemment l'instinct du beau et du juste et mettait autant d'ardeur à réparer ses erreurs qu'elle en avait mis de prime abord à s'y laisser entraîner. Son amour-propre n'était jamais un obstacle pour les amis qui se faisaient un devoir de rectifier ses idées : elle écoutait avec candeur et courage les plus sévères vérités et souvent accordait son amitié et son estime en raison du peu de ménagement qu'on mettait à la ramener d'une erreur.

Maria était généreuse, mais de cette générosité simple et sans faste qui s'ignore elle-même, et faisait souvent de belles actions sans avoir l'air de s'en douter : sa vie en est remplie, et on l'a dite avare !.... Oui, elle le paraissait, mais seulement dans ce qui la concernait personnellement, car son éducation et ses premières habitudes l'avaient disposée à éprouver peu de besoins. Elle était dure aux privations comme elle l'était à la fatigue, et ne comprenait le luxe que dans les oripeaux de théâtre, mais son argent était toujours entre les mains des autres : elle ne s'en occupait guère et n'y pensait que lorsqu'il lui en fallait pour faire l'aumône.

La franchise de caractère de Maria était brusque et originale, lorsque toutefois sa position d'artiste se trouvait en dehors, car dans le cas contraire elle ne manquait pas de cette astuce diplomatique indispensable à certaines conditions dépendantes.

Néanmoins on s'apercevait facilement dans ce cas que c'était un vice d'état chez elle et nullement de nature, car elle était, comme toute personne passionnée, inhabile à déguiser ses propres impressions.

Une nécessité déplorable dans la vie de l'artiste, c'est celle de soumettre à l'opinion des autres son jugement et souvent sa conscience, en n'osant blâmer un médiocre talent, lorsqu'il a trouvé grâce aux yeux du public, ni avouer du mérite là où il n'y a pas de succès. J'ai vu des choses étranges dans ce genre. Que ce doit être une lourde chaîne à porter qu'une telle crainte ou soumission dans une carrière toute d'orgueil, puisqu'elle est notre propre ouvrage et qu'elle doit par cette raison, inspirer éminemment des sentiments de fierté et d'indépendance!

Un jour je faisais quelques observations à Garcia sur sa dureté envers sa fille. « Oui, me » dit-il, on me blâme, je le sais, mais il le faut. » Maria ne peut devenir grande artiste qu'à ce » prix. Son caractère indomptable a besoin d'un » poignet de fer pour le conduire..... Voyez sa » jeune sœur, je l'élève autrement, jamais je ne » l'ai grondée et pourtant *elle ira* (1). Mais voici » la différence, c'est qu'il ne faut pour celle-ci » qu'un fil de soie. » Quoi que ce soit, il n'est pas moins vrai que l'enfance de Maria fut environnée de souffrances et qu'elle commença de bonne heure à payer cher cette vie d'éclat et de triomphe que Dieu lui avait imposée.

(1) Pauline, sœur cadette de Maria, n'a encore que dix-sept ans, mais sa voix et son talent donnent les plus grandes espérances, et rappellent déjà tous les charmes de sa sœur.

Tout le monde sait combien Maria était admirable en chantant la romance du troisième acte d'*Otello*. Sa sensibilité, ses larmes, l'expression mélancolique répandue sur toute sa personne, tout était vrai, et lorsqu'elle disait à Emilia : *Riceri dà labri dell' amica il baccio estremo.*

Elle était sublime.

Un soir j'occupais une loge au-dessus de la scène. Je plongeais sur elle. En contemplant ses beaux yeux transparents de passion et de tristesse et ses longues larmes qui se répandaient doucement à travers ses joues pâles, je pleurais avec elle, ma poitrine se gonflait et les fibres de mon cœur vibraient à chaque accent de sa voix.. En sortant du spectacle et encore sous le charme de son divin génie, je lui dis : « Maria, comment peux-tu si bien chanter en pleurant? Comment l'émotion vraie de ta voix ne nuit-elle pas à ton intonation, à la pureté du son? — Je n'ai pourtant pas fait d'étude particulière pour cela, me répondit-elle avec simplicité ; mais lorsque j'étais enfant, je pleurais souvent en prenant ma leçon, et comme j'avais une peur excessive que papa ne s'en aperçût, je me plaçais derrière lui et je pris l'habitude insensiblement de maîtriser le son de ma voix, tandis que mes larmes coulaient. « Ainsi la sévérité inexorable de son père avait contribué à grandir le talent de Maria. Ainsi chaque destinée a ses ressorts secrets qui la font mouvoir et la poussent vers le but qui lui est désigné, et lorsque notre jugement, trop borné pour embrasser de certains rapports dans leur ensemble, isole une circonstance, la blâme ou l'approuve, on peut être sûr que son anathème n'est pas juste.

III

L'aptitude de Maria à tous les talents était extraordinaire. Elle jouait remarquablement du piano. Bien que n'ayant jamais pris de leçons de dessin, elle faisait des portraits d'une ressemblance extrême, ainsi que les caricatures les plus plaisantes : elle excellait dans tous les ouvrages de femme. Voyait-elle un nouveau travail, une broderie, un bonnet, un tissu à l'aiguille, une fleur nouvelle, aussitôt elle se mettait à l'œuvre et l'imitation souvent surpassait le modèle. Ses costumes de théâtre, ses coiffures, tout était inventé ou exécuté par elle, et souvent on la trouvait l'aiguille à la main, pendant qu'elle exerçait sa voix, faisant des points avec autant de dextérité que des notes. Elle écrivait et parlait avec perfection quatre ou cinq langues et les employait toutes à la fois, sans les confondre jamais, dans des conversations croisées avec différents interlocuteurs. Bien que son instruction eût été dirigée par son père vers un seul but, l'âme du grand artiste sentit le besoin de développer les hautes dispositions dont la nature avait doué sa fille, et la délicatesse exquise de l'intelligence de celle-ci profita de tous les moyens qu'on mit à sa portée. Et c'était chose rare que cette recherche de savoir entée sur une éducation du reste vulgaire dans tous ses détails, et cette fleur aux brillantes couleurs sortant et élevant sa tige superbe au milieu d'un champ inculte et sauvage. Aussi ses dispositions morales portaient-elles l'empreinte de ce bizarre assemblage et donnaient à ses idées et à ses manières un tour original et désordonné, un composé étrange d'élévation et de gravité qu'on retrouvait dans son jeu, sublime lorsqu'elle suivait les inspirations de son âme élevée, et parfois trivial lorsque des scènes de la vie privée venaient réveiller d'anciens souvenirs.

Maria était donc un composé des contrastes les plus disparates et les plus séduisants à la fois. A un esprit fin, à une rapide conception elle joignait l'inexpérience et la crédulité; à un mélange d'élévation d'âme et de manières naïves, de volonté emportée et de docilité enfantine, d'amour-propre et de bonhomie, venait se joindre une foule d'habitudes d'esprit, de tournures d'idées originales et inattendues, résultat inévitable d'une éducation nomade.

Dès l'enfance elle avait constamment voyagé. Elle avait parcouru l'Amérique, presque toute l'Europe et emporté une sorte de couleur locale de chacun des pays où elle s'était arrêtée. En relation par son état et son talent avec un grand nombre de personnes dans des positions sociales très-diverses, elle avait insensiblement adopté des manières, des tours de phrases qui décelaient alternativement les impressions de toute nature qu'elle avait reçues, et comme elle avait beaucoup d'originalité et d'imagination, elle ajoutait un charme particulier à cet imprévu qui, la plupart du temps, animait ses paroles et ses actions.

Pendant l'enfance de Maria, son père lui faisait chanter en famille, dans quelques salons, des canons et nocturnes de sa composition, dont quelques-uns d'une grande difficulté révélaient déjà par leur parfaite exécution combien ces jeunes enfants étaient profonds musiciens, probablement sans s'en douter. Mais bientôt Maria fut soumise à des études plus sérieuses, et, dès ce moment, son père ne lui permit plus de chanter que des exercices.

IV

Garcia avait conservé le type de cette méthode modèle des anciens *musicos* dont la trace s'efface de jour en jour en Italie et dont les principes ne consistaient pas à enseigner une foule de *fioritures* qui, comme les pompons à la mode, n'ont de durée qu'un moment. Ce mode d'enseignement s'appuie au contraire sur des principes de tous les temps, seuls capables de former de grands chanteurs. C'est à cette méthode que nous devons les Grassini, Colbrand, Pizzaroni, Pasta et tant d'autres qui ont brillé sur la scène italienne. C'est à elle enfin, aidée par une haute et rapide intelligence, que nous devons le plus beau talent musical qui ait illustré notre époque, le talent de Maria.

Égaliser l'instrument de la voix en corrigeant les légères imperfections de nature dont le plus bel organe n'est pas exempt; augmenter le volume des sons par une étude constante et prudente à la fois (1); prendre la respiration avec calme et sans précipitation, pour qu'elle conserve une plus longue portée; s'exercer à préparer le gosier avant d'entonner le son, afin de le saisir net et pur, puis l'enfler par degrés et

(1) Garcia disait : « Pour apprendre à chanter, il ne faut pas travailler, mais savoir travailler. Ce n'est qu'en apprenant le secret de bien étudier que l'on peut parvenir à bien chanter. »

sans secousse, mais hardiment, en développant l'organe autant que faire se peut; enfin lier la voix en faisant sentir sans *les toucher* tous les sons intermédiaires; mais il faut se garder de faire une fausse application de ce principe, pour ne pas tomber dans la manière défectueuse de l'ancienne méthode française, d'après laquelle on dirait que le son, après s'être péniblement traîné au-dessous du clavier, reparaît et, tout imprégné d'une expression fausse de tendresse langoureuse, vient tomber en *défaillance* sur l'autre son. Pour lier la voix d'après la bonne méthode italienne, le son, poussé d'abord en *droite ligne*, s'incline ensuite doucement, forme une courbe (si j'ose m'exprimer ainsi) et après avoir effleuré les sons intermédiaires par la seule vibration sympathique, il retombe droit sur la note qu'il cherche, l'attaquant ainsi nette et pure (1).

(1) Il est fort difficile de donner une explication parfaitement satisfaisante et claire des opérations d'un mécanisme dont l'action cachée ne nous est manifestée que

Quelle que soit la qualité de la voix, il faut ménager les sons aigus et se donner garde de les fatiguer par l'étude, car cette partie, étant la plus délicate, est celle dont le timbre s'altère le plus facilement. Au contraire, si l'on exerce particulièrement les sons graves et le médium, on les fortifie et l'on parvient à obtenir ce précieux résultat, d'accord avec un des principes essentiels d'acoustique, celui de faire arriver à l'oreille les sons graves avec une force à peu près égale aux sons aigus. Cette règle rationnelle adoptée dans la méthode italienne lui a donné en partie la grande supériorité qu'elle a toujours eue sur la méthode française tant que la première est restée dans sa pureté primitive.

par les inductions vagues qui résultent des observations que chaque chanteur peut faire d'après ce qu'il a éprouvé et non d'après ce qu'il a *vu* ou *touché*. Les conclusions sur les phénomènes *agissants* de la voix ne peuvent donc avoir qu'un sens obscur. Tout autre qu'un chanteur trouvera que c'est de la métaphysique embrouillée, et même pour la plupart de ceux qui s'occupent de l'art, l'exercice de la voix est plutôt une affaire d'habitude que de raisonnement.

En adoucissant les sons élevés et donnant de la force aux sons graves et au médium, soit à l'aide du propre accent de la voix, soit par celui qu'on emprunte aux paroles, l'oreille n'est jamais heurtée et la musique pénètre jusqu'à l'âme et l'inonde de plaisir, sans que la moindre secousse vienne la troubler ou la distraire en irritant les nerfs. Telles ces demi-teintes dans un beau tableau, unissant les couleurs entre elles, leur donnent cette apparence vague de la vérité et charment l'œil par un attrait irrésistible. Telle cette légère vapeur de l'atmosphère d'automne, en harmonisant la nature, plonge le poëte qui la contemple dans un ravissement enivrant de voluptueuse mélancolie.

Les exercices propres à fortifier les sons graves et ceux du médium deviennent plus importants pour la voix de soprano que pour toute autre, d'abord parce qu'en général cette partie de la voix est la plus faible, ensuite parce que la transition de la voix de poitrine à la voix de passage et celle de la voix de passage à celle de tête s'y trouvant altèrent ou dénaturent le timbre de certaines cordes chez les uns, les rendent faibles ou *étranglées* chez les autres. Il faut donc un exercice continuel du son défectueux, avec le son pur qui le suit ou le précède, pour obtenir l'égalité parfaite dans leur qualité. Cette étude fut une des plus grandes difficultés à vaincre pour Maria, sa voix grave étant fortement timbrée et celle de passage faible et voilée.

Une chose importante dans cette méthode est le secret de développer des sons de poitrine dans les voix de soprano. Garcia était convaincu que ces cordes se trouvaient dans toutes les voix de ce genre et que la difficulté était seulement de savoir les développer par l'étude.

A mesure que l'instrument de la voix se perfectionnait, Garcia faisait exécuter jusqu'aux exercices les plus difficiles pour la rendre apte à surmonter tous les obstacles; mais il indiquait rarement un trait à ses élèves : il leur faisait un accord sur le piano, puis il leur disait : « Faites ce que vous voudrez... encore... encore un... encore. » Et souvent de recommencer dix et vingt fois. Qu'en résultait-il? Que l'élève faisait selon sa voix et selon son âme, et que, par conséquent, ses traits étaient toujours bien exécutés et gardaient un caractère d'individualité qui, tout en lui appartenant, se trouvait en harmonie avec le goût du moment, dont il suivait, sans s'en douter, les inspirations. Un autre avantage de cette manière de faire le trait était que l'élève devenait maître de l'instrument à force d'exercer ses propres inspirations, et que si, au moment de commencer un air, il se trouvait mal disposé, il pouvait substituer subitement un trait à un autre, sans crainte ni hésitation.

Garcia ne permettait pas à son élève de chanter pendant qu'il apprenait un seul air avec des paroles, quelque impatience ou quelque ennui qu'il témoignât. Mais lorsqu'il le jugeait artiste, un beau jour il lui disait tout à coup : « Vous êtes chanteur : abordez tout, *vous pouvez marcher.* » Il est bon de dire que le maître n'appliquait à la rigueur ses principes qu'envers l'élève sur lequel il fondait de grandes espérances (1).

(1) Le fils de Garcia, jeune homme de talent, a été formé par son père pour enseigner le chant d'après sa méthode. C'est un des meilleurs maîtres de notre époque.

V

Maria n'avait pas encore quinze ans lorsque, par une circonstance particulière, il lui fut permis de chanter pour la première fois en public, et l'artiste se dévoila.

Rossini venait d'arriver à Paris, c'était une époque solennelle pour tous les amis de l'art.

Ses ouvrages, connus déjà en France en grande partie, excitaient l'admiration générale. Mais le génie du chant, engourdi, sommeillait encore, et dans ses rêves, lorsqu'il croyait chanter, il hurlait. C'était un vrai cri de détresse. Rossini arriva, composa le *Siége de Corinthe, Guillaume Tell,* et tout le monde chanta. Ce fut une révolution dans l'art.

Peu de temps avant de quitter l'Italie, il avait composé une cantate à quatre parties à l'occasion du mariage d'un de mes parents, M. de Pénalver. Cette composition n'avait jamais été essayée dans son ensemble, pas même au piano. M. de Pénalver, qui se trouvait à Paris alors, désira l'entendre avec le quatuor d'instruments chez moi et par moi. Il en parla à Rossini, que je ne connaissais pas encore. *El maëstro*, prévenu contre la musique d'amateurs, médiocre et rare alors en Italie, en fut effrayé. « Non, mon cher, lui dit-il, cela sera fort mauvais. Je viens d'arriver à Paris, ajouta-t-il en riant, et je ne veux pas débuter par un *fiasco*. Bornons-nous à essayer la cantate au piano avec Isabel et Garcia, et vous en aurez facilement une idée. » M. de Pénalver insista, mais tout ce qu'il put obtenir de Rossini fut qu'il m'entendrait le lendemain. L'essai fut fait, et Rossini céda. Au lieu du quatuor, il voulut avoir alors un orchestre complet : instruments à vent, timbales, triangles, rien n'y manqua, et je fus obligée de faire enlever mes portes pour faire place à un aussi brillant cortége. Les parties de ténor et de basse furent confiées à Bordogni et Pellegrini ; mais nous étions très-embarrassés pour trouver un contralto, lorsque Garcia, qui dérobait encore sa fille, comme l'avare cache son trésor, me l'offrit pour remplir ce rôle.

L'organe de la voix de Maria s'était beaucoup développé à cette époque. Les sons de poitrine avaient déjà toute cette puissance que nous avons tant admirée depuis; mais le reste de la voix était encore rude et voilé. On voyait l'art luttant avec vigueur et succès contre les aspérités de la nature, et dans cette jeune fille, petite, délicate et fraîche, un bouton de nénuphar où fermentait le germe d'un arbre géant. Son attitude était assurée, pas l'ombre de timidité : on aurait dit qu'elle avait la conscience de son avenir et que cette prévision secrète, jointe à une certaine conviction de nécessité, lui inspirait la superbe audace indispensable pour réussir à celui qui est destiné à s'offrir au suffrage ou au blâme public. Cette force qui naît de la confiance en ses propres moyens est aussi nécessaire au succès que la supériorité du talent. Il faut avoir su se placer sur un piédestal devant soi-même pour imposer face à face aux autres sa supériorité.

VI

Maria partit avec sa famille pour l'Angleterre et débuta à Londres sur le King's-Théâtre, seulement en chantant quelques morceaux d'intermède. Son apparition sur la scène fut marquée par une anecdote plaisante, mais qui fait preuve encore de cette noble ambition qui fermentait déjà dans son âme, ainsi que de ce courage dédaigneux des obstacles qui se décela à la première occasion. Elle devait chanter avec Vellutti un duo du *Roméo et Juliette* de Zingarelli. Le matin, ils le répétèrent ensemble. A cette répétition, comme aux précédentes, *le musico,* en routier expérimenté, chanta la note simple et réserva ses *fioritures* pour le soir, dans la crainte que Maria ne s'avisât de les imiter. Arrivés sur la scène, Vellutti chanta son solo le premier et le surchargea d'ornements, puis à la fin un trait neuf et brillant vint enlever les applaudissements des spectateurs. Déjà un regard de triomphe et de pitié de la part du *musico* se répandait sur Maria, lorsque celle-ci, comme un jeune coq de race, s'élance sur l'arène, s'emparant des mêmes traits de Vellutti, leur donne une nouvelle forme et couronne son triomphe par une superbe et hardie improvisation... Aussitôt, et au milieu du trouble que les applaudissements avaient répandu sur tous ses sens, elle sentit... Quoi?... Une pince de fer qui lui torturait le bras au-dessus du coude...

Immédiatement le mot *briccona*, prononcé par son compagnon à voix basse et avec l'accent de la colère, vint l'avertir d'où partait le coup et lui apprendre de bonne heure qu'il n'y a pas de gloire sans amertume.

Je ne sais pas de chanteur, quelles que soient sa réputation et son habitude de l'art, capable de hasarder un tour de force pareil à celui dont la jeune fille donna l'exemple dans cette occasion. Maria n'avait pas seize ans alors et montait pour la première fois sur la scène.

Garcia signa un engagement pour toute sa famille et partit pour New-York. Là Maria s'essaya dans quelques-uns des rôles des opéras de Rossini et obtint de grands succès, notamment dans celui de *Desdemona*, et de Cenerentola, bien que de genre si différent. Les premiers sujets de la troupe se bornaient à Garcia, sa fille, son fils et madame Garcia. Le reste ne consistait qu'en faibles auxiliaires, et c'etait chose plaisante d'entendre Maria raconter comment elle s'y prenait pour faire chanter des sujets qui ne savaient pas chanter, et, ce qui est encore plus fort, qui n'avaient pas de voix. Tout allait pourtant le mieux du monde, lorsque M. Malibran, négociant français établi à New-York, demanda la main de Maria. Il avait cinquante ans et Maria dix-sept. Son père la lui refusa. Mais Maria, bien que si jeune, se croyant déjà fatiguée de la vie d'artiste et de la dépendance filiale, sourit à l'idée de secouer ses chaînes et ne put se douter encore dans son inexpérience qu'en les brisant elle allait river la plus lourde de toutes, puisqu'elle est la plus longue. Inhabile à comprendre encore la vie, elle ne savait pas que lorsque la nature nous a donné l'âme artiste, on ne saurait cesser de l'être sans éprouver constamment le désir de le redevenir, et que la plus rude dépendance filiale est encore des dépendances la plus douce... A mesure que nous marchons dans la vie, qui n'a pas jeté plus d'un coup d'œil d'amour et de regret sur le toit paternel?

L'intérieur de la famille devint orageux. Madame Garcia, douce personne, comme un ange de paix, tâchait de calmer la violence de caractère de son mari; mais la tempête devenait de jour en jour plus forte. Un soir on jouait *Otello*. La matinée avait été marquée par des scènes violentes. Maria chantait le rôle de Desdemona, et son père celui du Maure. Au moment où celui-ci, les muscles contractés, les yeux étincelants, s'approche de sa maîtresse pour la tuer, Maria s'aperçoit que le poignard qui brillait dans la main de son père est un véritable poignard. Elle le reconnaît, la lame est bonne... son père l'avait acheté d'un Turc et examiné devant elle peu de jours auparavant. Maria croit déjà sentir le froid du fer dans sa poitrine... Épouvantée, hors d'elle-même : « Papa! papa! s'écrie-t-elle, *por Dios, no me mate* (1)! » Il n'en était rien, comme on peut le croire : le poignard du théâtre étant brisé, Garcia y avait

(1) Papa, papa, pour l'amour de Dieu, ne me tuez pas!

simplement substitué le sien. « Et le public? lui demandai-je lorsqu'elle me raconta cette anecdote. — Le public prit la chose en très-bonne part. Il crut ma frayeur une partie de mon rôle et s'imagina que l'espagnol était de l'italien. »

VII

M. Malibran fit des offres brillantes à la famille, Maria insista, Garcia céda et le mariage fut conclu. Quelques semaines après, M. Malibran fit faillite sans avoir pu accomplir ses promesses. La violence du caractère de Garcia fut excitée au dernier degré par cet événement. Ne se sentant plus maître de lui-même et dans la crainte de tuer son gendre, il quitta précipitamment les États-Unis, partit pour le Mexique avec toute sa famille et laissa Maria, qui, bercée depuis son mariage des plus beaux rêves, se trouva à son réveil séparée de tous les siens, dans un pays étranger, unie à un homme sous le poids de la loi, qui ne pouvait plus la protéger, et qui, privé de tous moyens d'existence, n'avait pour ressource que le talent de sa femme.

Maria, de qui l'âme fortement trempée était capable de toutes les vertus, prit bientôt son parti. La troupe italienne ayant été désorganisée par le départ de sa famille, elle vint à bout d'en former une nouvelle. Elle improvisa un répertoire de musique anglaise et parut sur le théâtre national.....

Quelle courageuse patience, quelle intelligence active dut-elle déployer pour surmonter tant de difficultés! quelle force de caractère pour dissiper par sa propre volonté cette perturbation de l'âme que causent les embarras d'une position manquée et les difficultés à vaincre pour s'en créer une nouvelle! Mais ne voyant dans la faillite de son mari que son malheur, elle ne songea qu'à soulager sa détresse : son âme délicate et généreuse, toujours prête à s'exalter lorsqu'elle était mue par la conscience du bien, l'entraînait à travers les plus grands obstacles. Elle réussit au delà de ses espérances, et chaque soir une somme considérable arrivait de la part du directeur dans la caisse de M. Malibran, car Maria, pour lui porter des secours efficaces, s'était engagée seulement par représentation.

Nonobstant ses grands succès, des raisons impérieuses obligèrent M. Malibran à faire partir sa femme pour l'Europe, où elle devait reprendre ses nobles travaux, et lui envoyer, à mesure qu'elle en cueillerait le fruit, de nouveaux secours.

Maria n'avait pas encore vingt ans lorsqu'elle arriva à Paris, le mois de décembre 1827. Elle alla habiter chez la sœur de M. Malibran.

Bien que née à Paris, la solitude à laquelle l'avaient soumise ses études et son extrême jeunesse ne lui avait pas permis d'y former des relations d'amitié. Elle s'y trouva donc, en revenant au bout de quelques années, complétement isolée : le souvenir de l'intérêt que je lui avais témoigné dans son enfance la conduisit chez moi.

La pauvre créature, lancée d'au delà des mers, se trouvait sans guide, sans protections, sans argent, dans un dénûment presque complet, et m'apparut avec ses beaux cheveux noirs et soyeux, tombant en longues boucles sur ses épaules, une étroite et courte robe de mousseline, ses beaux yeux, ses lèvres qui respiraient la force et la jeunesse, ses vingt ans et son immense talent. Tout cela me frappa de vertige!...

La pitié, l'intérêt, l'admiration, se partagèrent tour à tour mon cœur. Je la mis au piano, je la trouvai adorable.

Elle voulut chanter un duo avec moi, puis au milieu du duo, elle s'arrêta tout à coup, et me sautant au cou, les larmes aux yeux... « Oh! papa! que vous me rappelez l'école de papa, et que nous nous entendons bien! » Puis elle continua à chanter. C'était un mélange d'âme, d'enfantillage, de sublime talent, incompréhensible. Le soir, j'allai aux Italiens. Encore dans le ravissement de ce que je venais d'entendre, j'en parlai à plusieurs amis... « C'est une merveille, je vous assure, qui fera époque dans le monde musical. — Mais pourtant on n'en a pas encore parlé. Sa réputation serait déjà venue jusqu'à nous, etc. — C'est un colosse, vous dis-je, c'est la musique incarnée que Dieu nous envoie pour calmer notre âme dans les jours de détresse. — Bah! je parie que c'est le sang espagnol qui la rehausse à vos yeux. — Il y a quelque chose de cela, mais pas comme vous l'entendez. Je suis fière de penser qu'une si belle organisation ait été trempée avec du sang espagnol, et voilà tout. Enfin, l'avenir justifiera, n'en doutez pas, mes prévisions. »

Peu de jours après, je réunis chez moi, le matin, une sorte de *jury* musical, composé en partie des incrédules. Ils furent, comme je m'y attendais, étonnés et charmés à la fois de la voir et de l'entendre. Maria était belle de son talent sur la scène, mais son véritable triomphe était dans les improvisations intimes. C'était là où, livrée à ses propres inspirations, elle devenait le génie même de la musique. Quelle richesse d'idées neuves, quel goût exquis lorsqu'elle donnait une nouvelle vie à un air, en le parant tantôt de mille nuances suaves, tantôt des vives et brillantes couleurs de l'arc-en-ciel!... Au bout de quelque temps, elle finissait par électriser de telle façon ceux qui l'écoutaient qu'on ne se sentait plus posé sur la terre : on croyait marcher sur les nuages. C'est que la tête était au ciel!...

Art admirable et prestigieux! quel est le présent de Dieu, parmi ceux qui composent le luxe de la vie, qui pourrait être comparé à la musique? Quel est celui de ses bienfaits, qui, comme elle, s'empare de nous corps et âme, nous tire des misères d'ici-bas et nous transporte comme un ange ailé dans de féeriques régions où l'on trouve ce qui plaît, ce qu'on aime, ce qu'on désire! où les émotions les plus douces, les palpitations enivrantes viennent frapper de leurs coups électriques la poitrine oppressée de plaisir... où des torrents de mélancolie circulant dans nos veines refluent vers le cœur, et confondent dans une même sensation d'indéfinissable jouissance la vie de l'âme et la vie du corps!...

Ravissante harmonie, fleur éternellement belle, de tous les instants et de toutes les saisons, dont le parfum s'étend sur le pauvre comme sur le riche, console les malheureux et trouve souvent le secret d'accorder de nouvelles émotions aux cœurs les plus refroidis, dont l'influence est toujours douce, toujours noble! L'amour seul, parmi les bienfaits du ciel, pourrait lui être comparé, s'il ne portait pas d'amertume dans son calice.

VIII

Maria débuta à Paris, au Grand-Opéra, en janvier 1828, par le rôle de *Semiramide*, au bénéfice de Galli. Pour la première fois elle fut intimidée sur la scène. Elle sentit que de cette représentation dépendait sa réputation à venir. Le rôle qu'elle avait choisi ne se trouvait pas tout à fait dans ses belles cordes, et la salle était plus grande que toutes celles où elle avait chanté jusqu'alors. Ces responsabilités réunies pesaient sur son âme de vingt ans, et, malgré son courage naturel, la firent tant soit peu douter. Mais sa crainte fut de courte durée.

Aux premiers accents de sa voix puissante, elle fut applaudie avec transport et prit rang parmi les talents de premier ordre. Il fut question alors de son engagement. Elle hésita un moment entre le Théâtre-Italien et le Grand-Opéra, choisit le premier et fit bien. La musique était alors encore une sorte de déclamation à l'opéra français et n'aurait pas permis au talent de Maria de développer ses beautés. D'ailleurs, ce genre de chant où le *cantabile* est à peu près nul, exigeant une grande force de poumons, aurait épuisé en peu d'années la voix de Maria, qui, dans son ardeur consciencieuse, ne songeait jamais au lendemain. Elle s'engagea donc définitivement au Théâtre-Italien et y débuta en février par le rôle de Desdemona.

Ses succès furent aussi rapides que brillants. Le public de Paris, enivré devant tant de jeunesse et de talent, se plut à l'encourager, et Maria, se sentant soutenue par la confiance que donne le succès, atteignit souvent le sublime dans ses chants, tandis que le public l'applaudissait encore avec transport, fier qu'il était de son ouvrage.

L'étendue de la voix de Maria, ainsi que la variété de genres de son talent, lui permit d'aborder tous les opéras de Rossini, et souvent les deux premiers rôles dans le même, comme dans *Semiramide*, où elle s'acquittait avec autant de perfection de la partie d'Arsace que de celle de la reine de Babylone. Touchante de profonde sensibilité et de mélancolie dans Desdemona, elle était espiègle, gaie et toute grâce dans Rosina, tandis qu'elle nous arrachait des larmes dans le rôle de Ninetta de la *Gazza ladra*, par cette douleur résignée qui tenait du fatalisme.

Ce n'est pas à Maria qu'on aurait pu appliquer ce mot heureux de Crescentini, lorsqu'après avoir entendu un chanteur dont on lui avait beaucoup vanté le talent, il répondait à celui qui lui demandait son avis : *Canta bene, ma non mi persuade*. En entendant cette admirable artiste, il était impossible de ne pas s'identifier avec elle, parce qu'elle s'identifiait elle-même avec son rôle, et que son âme passionnée, par un attrait invincible de douce sympathie, communiquait aux autres les sentiments qu'elle éprouvait et exprimait si bien. Le talent, quelle que soit sa supériorité, est inhabile à produire par lui-même un tel effet magique. La vérité seule en a le secret. Ce qui part du cœur a seul le pouvoir d'arriver au cœur.

Maria ne tarda pas à être mécontente de la famille de M. Malibran. Elle se plaignit de la tutelle hostile à laquelle on voulait soumettre sa personne et son argent; mais le besoin d'appui, la crainte du blâme à cause de son extrême jeunesse et de l'entière indépendance où elle allait se trouver livrée, lui donnèrent la force de prolonger de quelques semaines encore son séjour chez sa belle-sœur. Pourtant, un beau jour, dans un moment d'humeur, et lorsque ses hôtes ne s'en doutaient pas, elle fit venir une voiture de place, y mit ses effets, s'établit à côté, et se fit transporter chez madame Naldi.

Profitant de la liberté que lui donnait sa position, elle aurait pu demeurer seule; mais entourée d'adorateurs, si jeune, elle sentit, dans la pureté naïve de ses intentions, la nécessité d'un appui et se soumit volontairement à la surveillance d'une ancienne amie de sa famille, femme sévère et d'austères mœurs. Et c'était vraiment touchant de la voir se plier aux conseils et aux petits sacrifices que son amie exigeait d'elle, lui soumettant avec résignation cette volonté si impérieuse partout ailleurs; et lorsque, par quelques boutades ou vivacités, elle craignait de l'avoir offensée, l'accablant de caresses et lui demandant pardon avec l'abandon d'un enfant. Elle lui montrait toutes les lettres qu'on lui adressait, ainsi que celles qu'elle écrivait. C'était madame Naldi qui touchait son argent, le plaçait et ne lui donnait que le strict nécessaire.

Peu de temps avant sa mort, à l'époque où sa fortune était si brillante, Maria disait à un ami, en lui montrant un petit châle usé qu'elle portait : « Je fais usage de ce vieux châle de préférence à tout autre : c'est le premier châle de cachemire que j'aie porté, et j'éprouve un certain plaisir à me rappeler toute la peine que j'ai eue à obtenir de madame de Naldi qu'elle me permît de l'acheter. »

IX

A cette époque, on commença à nous jouer parfois, au Théâtre-Italien, des actes séparés d'opéras divers.

Maria se conformait avec répugnance à cette sorte de contre-sens, et me disait qu'elle avait la plus grande peine à s'identifier avec l'esprit de son rôle lorsqu'elle le commençait au second acte; cela se conçoit parfaitement.

Ce mode de varier les plaisirs du public, ou plutôt de réparer les embarras imprévus des *impresarios*, est absurde à l'esprit.

Il faut toute l'indifférence des Italiens et le peu de cas qu'ils font du bon sens du *libretto*, pour ne pas en avoir été choqué de prime abord.

Mais si la raison se trouve blessée de ce contre-sens, il n'en est pas de même de l'oreille de l'amateur, qui, en vrai gourmet, découvre et savoure de délicates jouissances là où tout autre ne saurait les soupçonner.

L'ouïe, comme chacune de nos facultés, est douée d'un certain degré donné de puissance, qui a son premier développement, son apogée et sa décroissance.

Quelque exercée que soit l'oreille à saisir les nuances de l'harmonie, elle a besoin d'abord de s'habituer au son.

Le *conducteur,* en sortant de l'engourdissement qui résulte de l'inaction, éprouve une sorte de trouble qui ne se dissipe qu'à mesure que l'action se rétablit par l'exercice.

Dans ce moment seul la jouissance est complète, parce que le sens entièrement développé est dans toute la plénitude de sa force.

L'action d'abord accroît le plaisir de l'organe, puis l'habitude l'émousse, et bientôt la fatigue l'irrite et le rend non-seulement incapable de jouir mais de juger.

Alors il faut quitter la place, on est mort.

Ainsi il est facile d'observer qu'on n'apprécie guère à sa juste valeur les premiers morceaux d'un opéra, à moins qu'on ne les ait entendus autrement placés ailleurs; qu'on écoute rarement les derniers morceaux, à moins que l'opéra ne soit très-court; et, en général, que le succès de la pièce n'est enlevé qu'entre la fin du premier acte et le commencement du deuxième.

Il est donc évident que, pour multiplier les jouissances que nous procure la musique, il faudrait entendre tous les morceaux d'un opéra dans le moment où nos facultés sont déjà aptes à recevoir les impressions, et non lorsqu'elles ne sont pas encore développées ou qu'elles sont déjà lasses.

Par conséquent, en déplaçant les actes, on parvient à faire entendre la fin et le commencement dans le bon moment, celui où la vie de l'organe est dans toute sa plénitude.

Plus d'une fois je me suis plu à me rendre

compte de ce fait par mes propres impressions, et l'expérience n'a fait que me confirmer dans la justesse de mes observations.

Combien d'opéras se sont ainsi renouvelés à mon oreille! Combien de morceaux de musique dont les impressions m'ont frappée de nouveau par des modifications imprévues qu'ils tenaient absolument de la nouvelle place qu'ils occupaient par rapport à mes propres dispositions!... Combien de souvenirs confus et fugitifs; combien de sensations de l'âme renouvelées par le coup électrique parti d'un chant entendu jadis avec distraction et, en apparence, inaperçu à mon oreille!... De combien de sensations nouvelles la musique d'ailleurs ne nous fait-elle pas vivre?

La place qu'on occupe au théâtre, l'étage où l'on se trouve, la manière dont le son arrive à l'ouïe, lorsqu'on est coiffée en chapeau, qu'on est nu-tête ou qu'on porte un bonnet, tout cela influe d'une manière sensible sur l'âme exercée aux délicates perceptions que lui transmet l'oreille...

Aussi combien de fois n'entend-on pas dire en sortant du spectacle : « Rubini n'a pas si bien chanté aujourd'hui ; » et un autre à côté : « Il a été divin ce soir, Rubini ! » et plus loin : « Que la voix de Grisi était pure et flûtée ! » et le voisin de répondre : « Ma foi, je trouve au contraire qu'elle a horriblement crié. » Et cette diversité d'opinions ne tenait simplement qu'à la place que chacun occupait, souvent à la personne qu'on avait à côté, ou peut-être à la manière dont les jambes de l'interlocuteur avaient été plus ou moins torturées par son voisin.

Toutefois, la sensibilité de l'ouïe peut devenir tellement irritable que souvent un organe rude, un son faux, peuvent, en le frappant, causer une sensation spasmodique et presque douloureuse au cœur.

C'est le seul inconvénient peut-être de cet art prestigieux et divin.

X

Les succès de Maria croissaient de jour en jour.

La présence de mademoiselle Sontag (1) au Théâtre-Italien était encore un nouveau sti-

(1) Aujourd'hui comtesse Rossi.

mulant pour son talent et contribuait à le grandir.

Toutes les fois que celle-ci obtenait un brillant succès, Maria pleurait naïvement en disant : « Pourquoi chante-t-elle si bien, mon Dieu ! » Puis de ces larmes jaillissaient des beautés sublimes d'harmonie, et le public d'en profiter.

Un des plus vifs désirs des amateurs était de voir un jour, réunies dans le même opéra, ces deux charmantes artistes; mais elles se craignaient mutuellement, et pendant quelque temps on ne put les entendre ensemble.

Un soir, elles se rencontrèrent dans un concert chez moi. Une sorte de complot avait été tramé à leur insu, et vers le milieu du concert, on leur proposa de chanter le duo de *Tancredi*...

Pendant quelques instants, il y eut crainte,

hésitation ; mais enfin elles cèdent, et les voilà auprès du piano, aux grandes acclamations de l'auditoire.

Elles paraissaient toutes deux émues, troublées, et s'observaient mutuellement.

Mais bientôt la fin de la ritournelle attira leur attention et le duo commença.

L'enthousiasme qu'elles excitèrent fut tellement vif et si également partagé, qu'à la fin du duo et au milieu des applaudissements, étourdies, charmées, étonnées de n'avoir plus à se craindre, elles se regardèrent, et, par un mouvement spontané, par une attraction involontaire, leurs mains se cherchèrent, leurs lèvres se rapprochèrent, et un baiser de paix fut donné et reçu avec toute la vivacité et la sincérité de la jeunesse.

Cette scène fut ravissante et n'a pas été oubliée de ceux qui en furent témoins !

Au milieu de cette existence brillante, Maria conservait tout son enfantillage de caractère, toute sa simplicité.

Elle était d'une ignorance totale sur tout ce qui concernait les détails d'intérieur.

Absorbée par ses études, elle se trouvait hors du cercle de la vie réelle; néanmoins elle n'avait pas le goût du luxe et ne faisait point de dépenses superflues; mais un artiste malheureux venait-il frapper à sa porte, elle le prenait aussitôt sous son égide, allait chez lui, soulageait sa plus pressante détresse, puis donnait un concert à son profit, plaçait ses billets, se brouillait avec l'administration si elle lui refusait la permission de chanter, et finissait par s'en passer.

Elle accompagnait toujours ces actes de charité de quelque soin délicat ou imprévu : ainsi, à la fin de la saison théâtrale, une jeune femme des chœurs, engagée à jour fixe pour l'ouverture du *King's-Theâtre* de Londres, se trouva dans l'impossibilité de partir de Paris faute d'argent. Maria lui promit de chanter dans un concert que quelques-uns de ses camarades donnaient à son profit.

Comme l'on pense, le nom de madame Malibran sur l'annonce attira beaucoup de monde. L'heure de la réunion sonna, la salle se remplit et Maria n'arrivait pas.

On attendit, on s'impatienta, et force fut de commencer le concert avant l'arrivée de Maria.

Vers la moitié du concert elle entra, et s'approchant de la jeune femme, elle lui dit à voix basse : « J'ai un peu tardé, mon enfant, mais le public n'y perdra rien, car je vais chanter tous les morceaux annoncés. En attendant, comme je vous avais promis toute ma soirée, je veux vous tenir parole. Je viens de chanter dans un concert chez le duc d'Orléans, on m'a donné trois cents francs, ils vous appartiennent. Les voilà. »

Son plus grand plaisir était de sortir de son état habituel de reine ou d'héroïne pour jouer des rôles plaisants ou ridicules.

C'est ainsi qu'elle s'empara de celui de Fidalma dans le *Mariage secret,* et qu'elle aurait joué celui de la duègne dans le *Barbier de Séville,* à ce qu'elle me dit un jour, pour avoir le plaisir de porter son costume.

Ne pouvant trouver des rôles de ce genre pour elle au théâtre, ennuyée de sa grandeur, Maria s'avisa de nous donner chez elle une représentation de pièces des Variétés.

Elle jouait la caricature à merveille, se grimait aussi bien que Vernet ou madame Vautrin.

Tous les amateurs de musique, toute la société élégante de Paris, voulurent être invités chez Maria pour la voir jouer la comédie. Mais après un si flatteur succès, elle eut la contrariété d'apprendre qu'un journal anglais l'avait amèrement critiquée, et que d'autres journaux français avaient répété cette diatribe. Maria, dans la crainte d'attacher trop d'importance aux éloges comme au blâme dont elle était l'objet dans les journaux, s'était fait une loi de ne jamais les lire. Elle aurait donc ignoré la boutade grossière que contenait le *Galignani's Messenger* contre elle, si, par une circonstance particulière, elle n'en avait pas été instruite. Le baron de Frémont, grand admirateur du talent de Maria, mais qui la connaissait fort peu hors du théâtre, lut par hasard l'article insultant fait contre elle : il en fut offensé. Au bout de quelques jours, ne voyant pas surgir un champion de la foule d'adorateurs de Maria, qui, ayant assisté à la représentation chez elle, auraient été à même de pouvoir rectifier les faits, le baron de Frémont se sentit blessé dans ses susceptibilités d'homme et de Français, et s'étant présenté chez Maria, lui communiqua l'article fait contre elle, et la pria, en vrai preux, de lui permettre de prendre sa défense en écrivant une lettre en réponse à celle insérée dans le *Galignani's Messenger*. Maria fut très-sensible à cette démarche. Elle avait été d'autant plus alarmée, se voyant ainsi attaquée, que n'ayant pas encore chanté en Angleterre, et devant y débuter un mois après, elle craignait que la lettre du *Galignani's Messenger* ne lui valût un fâcheux accueil de la part du public anglais (1).

(1) On trouvera à la fin du volume les deux lettres dont il est question ici. La première était de nature à faire à Maria beaucoup de tort en Angleterre.

Voici la lettre où elle adresse ses remercîments au baron de Frémont.

LETTRE DE MARIA

A M. LE BARON DE FRÉMONT.

« Paris, 19 1829.

» Monsieur,

» Combien je suis sensible à tout ce que vous
» avez bien voulu faire pour moi ! aussi ma re-
» connaissance sera sans bornes. La représenta-
» tion de *Tancredi* m'a tellement occupée que
» je n'ai pas trouvé un moment pour répondre
» à vos deux aimables lettres, et vous dire que
» j'avais chargé un de nos bons amis de faire
» les démarches que vous aviez eu la bonté de
» m'indiquer. Je crois qu'à cette heure tout doit
» être fait. Il est bien vrai que j'ai indiqué à ma-
» dame Orfila le désir d'assister au bal déguisé

» de madame Lebrun, mais je n'oserai jamais » solliciter une invitation pour mon frère, moi » n'ayant pas l'honneur de connaître M. Lebrun. » Je vous remercie donc de votre bonne inten- » tion ; mais je ne voudrais pas que ce bal fût » un nouveau sujet pour faire parler de moi.

» Recevez de nouveau, monsieur, l'assurance » de tous mes sentiments distingués, avec les- » quels je suis, monsieur, votre affectionnée,

» M. MALIBRAN. »

Néanmoins, j'avoue que j'éprouvai un sentiment de regret et presque de honte à voir ainsi défigurés d'une manière si grotesque ce charmant visage et ces beaux yeux habitués à exprimer les plus nobles sentiments de l'âme.

Mais Maria, comme toute personne supérieure, avait un besoin secret d'exercer ses facultés dans tous les genres de talents ; ce n'était pas seulement par ambition de succès qu'elle agissait ainsi, mais par nécessité de sa propre nature.

XI

Maria donna *Otello* pour son bénéfice, le 31 mars. L'enthousiasme du public fut à son comble.

Pour la première fois, les couronnes et les bouquets apparurent sur la scène italienne à Paris.

Maria eut les prémices de ce doux hommage qui va si bien aux femmes et qui pénètre si loin dans leur cœur.

D'une nature nerveuse et romanesque, elle aimait les fleurs avec passion, et lorsque, tuée déjà par son amant, elle gisait morte sur la scène, qu'Otello, dans sa douleur furibonde, s'apprêtait à se donner la mort et à tomber à son tour, elle lui répétait tout bas : « Prenez garde à mes fleurs... Prenez garde à mes fleurs... »

Pour se reposer des fatigues théâtrales, elle alla, à la fin de juin, passer quelques semaines au château du Brizay, chez madame la comtesse de Sparre.

Cette charmante femme, bien digne par son talent d'être au premier rang des artistes, et par ses vertus d'occuper la place d'une grande dame, portait à Maria une vive affection.

A la campagne, notre brillante artiste oublia

la couronne de Semiramide, la harpe de Desdemona, et endossa l'habit d'écolier.

Espiègle, infatigable, elle trouva que le costume de femme la gênait, et revêtit le pantalon, la courte blouse, le foulard négligemment noué sur le cou et la casquette.

Levée dès six heures du matin, tantôt le fusil sur l'épaule elle allait à la chasse, tantôt elle montait à cheval, ayant soin de choisir le plus indomptable, courait et bondissait à travers les plaines et les coteaux, au risque de se casser le cou, traversait les rivières à gué dans les plus périlleux endroits, et rentrait juste à temps pour rassurer ses amis, alarmés de ses courses vagabondes.

Pendant le reste de la journée, elle sautait à la corde, jouait au diable ou faisait de longues courses à pied.

Madame de Sparre avait chez elle un vieil ami,

médecin, bon, naïf, et dont le calme contrastait avec les folles gaietés de Maria. M. D..... était fort charitable.

Maria s'avisa un jour de s'affubler d'un habit complet de paysanne. Le bonnet pointu à barbes, la croix d'or, les petits souliers à boucles, rien n'y manqua.

Elle se grima, et donna à son visage une teinte basanée, au moyen d'un mélange de chocolat et de je ne sais quel autre ingrédient, s'arrondit les joues avec une légère couche d'étoupes dans la bouche, et se présentant au médecin, lui dit dans le patois du pays, dont elle avait déjà merveilleusement pris l'accent, que *sa mère était fort malade... qu'elle s'était cassé un bras*, etc. « On dit que vous connaissez la médecine, monsieur, donnez-moi donc quelque moyen de guérir ma pauvre mère... Nous sommes si pauvres !... »

M. D... s'attendrit, lui indique quelques

simples, lui donne de l'argent, et Maria part.

Cette scène se passa à la brune.

Le soir, Maria, en entendant raconter la visite de la villageoise, témoigna le plus grand regret de n'avoir pas pu la voir.

Elle revint plusieurs fois voir M. D..... et finit par lui faire entendre qu'elle le trouvait à son gré, et le docteur de s'en moquer avec ses amis, et souvent avec Maria même, qui cherchait à ses absences tantôt le prétexte d'une migraine, tantôt celui d'une course dans le village, ce qui lui arrivait souvent, car elle faisait beaucoup de bien en secret, visitant les malades et portant des secours aux familles malheureuses.

Un jour pourtant, la jeune fille, enhardie par le succès, vint voir le docteur, et avec un air tout gauche et tout tendre, le pria de lui donner le bras et de faire quelques tours de promenade avec elle dans le jardin...

Le docteur, se tournant vers les personnes qui étaient présentes, haussa les épaules, tout en la laissant s'emparer de son bras, et dit : « La flatteuse conquête que j'ai faite là!... »

Il n'avait pas fini ces paroles qu'un vigoureux soufflet, appliqué sur la joue, vint lui apprendre qu'il faut être poli, même envers une paysanne... « Et où en trouveras-tu une plus belle, fat discourtois? » lui dit Maria sans déguiser sa voix, que jusqu'alors elle avait tout à fait dénaturée à l'aide de l'étoupe placée audedans des joues.

Le pauvre docteur resta tout confondu, et les autres de rire et de faire compliment à Maria sur la perfection de son jeu.

Tout en s'amusant de la sorte, Maria ne cessait pas de faire de bonnes actions. Quelques jours plus tard, elle remarqua que M. D... était fort préoccupé. Elle l'interrogea en vain sur la cause de sa tristesse. Mais bientôt elle apprit qu'une sœur de M. D..., dont la fortune était déjà fort délabrée, venait de voir compléter sa ruine par un incendie qui avait consumé la petite maison qu'elle habitait, seule propriété qui lui restât.

Par suite de cet événement, M. D..... se voyait non-seulement obligé de porter secours à sa sœur, mais encore de faire un voyage dans le Midi, où elle se trouvait, pour l'aider de ses conseils ; et comme sa propre fortune était très-bornée, son embarras devenait extrême pour accomplir ces devoirs.

Maria aussitôt donna des ordres secrets pour que la maison fût réparée à ses frais.

Elle mit tant de célérité à exécuter ce mystérieux bienfait, qu'au moment où M. D..... allait se mettre en route pour le Midi, il reçut une lettre du maire du village qu'habitait sa sœur, par laquelle il lui accusait réception de la somme *par lui envoyée*, l'assurant qu'on se conformerait en tout à ses ordres, etc. Car Maria était entrée dans tous les détails et avait donné les instructions nécessaires au maire, de manière à rendre le voyage de M. D... inutile.

Le frère et la sœur ont ignoré pendant la vie de Maria à qui ils devaient ce bienfait. Mais depuis quelque temps une pierre à côté du perron de la maisonnette porte cette inscription :

REBATIE
PAR LES SOINS BIENFAISANTS
DE MADAME MALIBRAN.

La générosité de Maria était d'autant plus louable à cette époque, qu'elle commençait à peine sa carrière théâtrale et qu'une partie du fruit de son travail était envoyée en Amérique.

XII

Après un séjour de trois mois au château du Brizay, elle revint à Paris, où la saison théâtrale l'appelait.

Elle s'était engagée avec M. Laurent, directeur du Théâtre-Italien, sous les mêmes conditions que l'année précédente, c'est-à-dire 800 francs par représentation et un bénéfice.

Les premiers sujets de la troupe étaient Maria, mademoiselle Sontag, Donzelli, Zuccheli et Grazziani. Maria reparut dans *Otello* et retrouva toute la faveur du public.

Le 15 octobre, on joua la *Mathilde di Shabran*. Maria chanta la partie de Mathilde avec sa supériorité accoutumée. Néanmoins ce rôle, écrit sur les notes élevées et riche en agilité, convenait mieux à la voix de mademoiselle Sontag.

Peu de temps après, Maria le lui céda.

La *Cenerentola* et la *Gazza ladra* valurent à Maria des succès prodigieux. Elle était ravissante sous son petit costume de Cenerentola et avait saisi l'esprit de son rôle d'une manière naïve et vraie.

Son air de douce victime vis-à-vis de son père changeait subitement en face de ses sœurs pour prendre un aspect fier et boudeur, tout en se résignant à leur obéir.

L'air de la fin avait été merveilleusement conçu pour sa voix, ainsi que le premier *cantabile* du final du premier acte. La facture étendue et large de ces deux morceaux permettait à Maria de déployer toutes les ressources de sa belle méthode et la richesse de ses moyens dans des traits tantôt soutenus, tantôt lancés avec autant de hardiesse que de bonheur.

C'est elle qui, dans la *Gazza ladra*, nous révéla pour la première fois le beau duo de la prison, qui jusqu'alors avait passé inaperçu, et souvent même on s'était permis de le supprimer comme on aurait fait d'un morceau de second ordre...

Pauvres compositeurs, où serait votre génie si vous ne trouviez parfois des talents intelligents et poétiques pour vous deviner!...

Ce duo, oublié jadis parce qu'il n'avait pas été compris, a fait les délices du public depuis, et lorsque Maria, après avoir chanté l'andante avec une prophétique et touchante mélancolie, attaquait hardiment la cabaletta de l'allegro, en défiant les fureurs du destin, et passait subitement des notes les plus graves aux notes les plus élevées avec cette noble inspiration du génie qu'elle possédait si bien, l'enthousiasme du public devenait du délire.

On aurait pu résumer toute l'histoire de la pauvre Ninette dans ce duo, d'après la manière dont Maria l'avait conçu.

Vie d'innocence et de douceur traversée par de tristes pressentiments, les tourments du martyre, la force du désespoir, la résignation de l'innocence, tout y était... excepté pourtant les joies célestes promises aux pauvres mortels qui ont bien souffert sur la terre. Il faut espérer que la pauvre Ninetta en jouit plus tard.

Je n'ai jamais vu jouer ce drame, même

adouci par la musique, sans éprouver une oppression indéfinissable, en songeant à la vérité du sujet et à la *justice* des hommes.

Le 9 décembre, Maria joua l'opéra de *Clary*, de M. Halévy, composé pour elle, et obtint un brillant succès. Cet opéra était riche de plusieurs beaux morceaux.

La scène où Clary paraissait pour la première fois ornée de brillantes parures, enivrée de tous les prestiges de l'amour, et qu'entourée enfin de l'éclat séducteur de l'opulence, elle exprimait ses remords, ses tristes souvenirs, ses regrets, en pensant à son innocence perdue, à la chaumière de son père, on aurait cru voir les larmes du repentir baigner ses magnifiques atours.

Quelque chose de si profondément touchant passait alors de la voix de Maria au cœur de ceux qui l'écoutaient, que l'empreinte y restait bien longtemps après, gravée par le souvenir.

Qu'elle était belle lorsqu'elle découvrait enfin que son amant la trompait, lorsqu'il lui avouait qu'il n'avait jamais eu l'intention de l'épouser !

Quelle noble fierté, quelle âme haute elle décelait dans ses accents ! Comme, dans sa misère, elle devenait grande à côté de son amant !...

Maria seule savait, dans un art dont les impressions sont si fugitives, produire de ces effets imprévus dont le souvenir ne s'efface jamais.

Il n'était donné qu'à cette intelligence rare, à cette nature ardente, vraie, passionnée, excentrique, de nous révéler toute la puissance de l'art.

Ceux qui l'ont vue dans cet opéra pourront-ils jamais oublier cette belle scène de nuit, lorsque, ayant repris l'humble et modeste costume du village, elle s'apprête à partir, et, après avoir dit adieu à tant d'illusions perdues, à tant de vaines espérances, elle ouvre la fenêtre pour se précipiter dans la rue? Mais un rayon de la lune venant à frapper d'aplomb sur le portrait de son amant, elle s'arrête et le regarde....

Non, rien ne saurait exprimer l'admirable expression de ses yeux, de son attitude, de l'accent déchirant de sa voix en lui adressant un dernier adieu!...

Il est à regretter que l'opéra de *Clary* ait été si peu entendu. Il est vrai qu'après avoir été chanté par Maria, ce rôle était inabordable. Qui aurait pu produire comme elle cette étendue de moyens, ce mélange de sensibilité et de sentiments fiers?...

Toutefois, il est malheureux pour l'auteur de voir périr dans l'oubli un ouvrage qui lui fait tant d'honneur; pour le public, de ne pouvoir plus en jouir.

Le 2 avril 1829, après la clôture du théâtre, Maria partit avec madame Naldi pour Londres, où elle s'était engagée avec le directeur Laporte, pour chanter au *King's-Theatre*, pour 75 guinées par représentation et un bénéfice. Elle trouva en Angleterre l'écho de ses succès à Paris, joua *Otello, Semiramide*, la *Gazza ladra*, les *Capuleti* de Bellini et la *Cenerentola*.

Bien qu'elle excitât l'admiration générale, elle éprouva quelques contrariétés dans la société, qui fut choquée, je ne sais trop pourquoi, de ce qu'elle exigeât 25 guinées par concert, prix qu'on avait accordé à la Pasta; et comme Maria mit une certaine fierté à ne pas céder, les choses en restèrent là et elle chanta fort peu dans les salons.

Elle fut très-peinée de cette sorte d'exil, non à

cause de l'intérêt pécuniaire, mais parce qu'elle attachait un grand prix à l'avantage de se rapprocher de la haute société. Elle fut pourtant reçue à merveille dans tous les salons où on l'invita, et trouva à Londres comme à Paris des amis véritables parmi les personnes haut placées.

La veille de son départ, en rentrant chez elle, après la sortie du spectacle, et encore enivrée d'applaudissements et du parfum des fleurs qu'on lui avait offertes, elle aperçut une pauvre femme qui se glissait au-dessous du marteau de la porte, tenant deux enfants presque nus par la main et lui demandant l'aumône...

La nuit était froide et pluvieuse...

Maria fit entrer chez elle la mendiante et ses enfants, les réchauffa à son propre feu, leur donna quelques hardes chaudes pour se couvrir, et mettant 5 guinées dans la main de la mère, elle lui dit : « Allez, pauvre femme, et priez pour moi. »

Maria s'engagea pour chanter à Bath et à Bristol dans huit concerts, au prix de 70 guinées par concert, et comme ils ne devaient avoir lieu qu'à la fin de septembre et dans les premiers jours d'octobre, en attendant cette époque, elle profita des jours qui lui restaient libres pour aller à Bruxelles, où elle était attendue avec impatience. Là, elle chanta dans plusieurs concerts au théâtre et obtint les succès accoutumés.

XIII

Jusqu'à ce moment son âme, absorbée par l'amour de l'art, n'avait paru rien désirer au delà : ses mœurs avaient été pures et sévères. Mais, à cette époque, le sentiment qui, dans une nature d'élite comme la sienne, devait faire la destinée de sa vie, se développa dans son cœur pour un jeune artiste

Le choix de Maria était en harmonie avec son état, et au milieu des séductions auxquelles elle était exposée, il prouvait l'instinct pur et élevé de ses inclinations.

Un jour on la plaisantait sur la passion qu'elle inspirait à un de ses adorateurs. « Oui vraiment, dit-elle avec un air de conviction et de simplicité à la fois, je crois qu'il m'aime, mais que faire? Je ne l'aime pas. Je ne veux pas me faire passer pour une héroïne de vertu. Je sais que, jeune, indépendante par mon état, mariée à un homme qui peut être mon grand-père et qui est à deux mille lieues de moi, entourée de dangers, je finirai par aimer un jour, mais alors je ne ferai pas la coquette, je le dirai tout simplement à l'homme qui me plaira, et ce sera une affaire pour la vie. »

Elle tint parole.

M. de Bériot, né en Belgique et artiste distingué, avait passé à Paris l'hiver qui venait de s'écouler. Maria l'avait rencontré quelquefois dans des réunions où le concours de leurs talents avait été appelé.

Bien que le connaissant fort peu, elle éprouvait un certain intérêt pour lui , tant à cause de son talent, qu'elle admirait avec la véhémence naturelle de son imagination, comme parce qu'elle le savait malheureux dans ses affections.

Bériot était fort épris de mademoiselle S..., qui, tout occupée elle-même alors de celui qui est devenu son mari depuis, ne le payait pas de retour.

Le malheur est un moyen bien puissant pour réussir sur le cœur d'une femme passionnée et délicate : aussi Maria, tout en plaignant Bériot, l'aimait sans s'en douter. La fin du printemps vint les séparer, et Maria le retrouva à Bruxelles.

Un soir, ils étaient au château de Chimay,

Bériot venait de jouer dans un concert de sa composition. Au milieu des applaudissements, Maria, s'approche de lui, et, pâle, les yeux humides, elle lui prend les mains dans ses mains tremblantes, et, avec une expression indéfinissable, lui dit : « Je suis bien heureuse de vos succès. — Merci, merci, lui dit Bériot tout en écoutant plusieurs personnes qui le félicitaient à la fois, et moi je suis bien flatté de votre suffrage! — Mais non, ce n'est pas cela, mon Dieu!!!.... Ne voyez-vous pas que je vous aime!... »

Troublé, charmé en face d'un sentiment si sincère et si naïvement exprimé, Bériot ne savait pas s'il rèvait, ou si Maria, entraînée par un enthousiasme du moment, n'avait pas proféré des paroles irréfléchies...

Dès ce moment, une liaison intime de cœur s'établit entre les deux artistes.

Maria retourna peu de jours après en Angleterre pour remplir ses engagements.

La surveillance de madame Naldi commença à lui devenir gênante. Elle ne tarda pas à lui cacher sa correspondance.

Son amie, soupçonnant son attachement pour Bériot, le combattit avec toute la sévérité de son caractère. Maria écouta ses conseils avec une déférence apparente, mais elle en fut vivement blessée, et dès ce moment, elle ne songea plus qu'à saisir la première occasion pour s'affranchir d'une tutelle à laquelle, peu de temps auparavant, elle s'était si volontairement soumise.

Elle débarqua à Calais le 26 octobre, arriva à Paris le 28, et descendit à un petit hôtel qu'elle avait loué rue de Provence par l'entremise d'un de ses amis. Elle avait mis beaucoup d'insistance à se loger dans une maison à elle seule appartenant, car bien que rien ne fût encore changé dans sa position, je ne sais quel instinct de femme, peut-être des projets et des désirs non avoués, mais sourdement formés, lui faisaient pressentir l'importance pour elle d'une entière indépendance à venir.

La saison des Italiens recommença plus brillante que jamais.

A Maria et mademoiselle Sontag était venue se joindre madame Pizzaroni. Rien n'était comparable à la réunion de ces trois talents.

Les succès de madame Pizzaroni, si maltraitée par la nature du côté de la beauté, font autant d'honneur à son talent qu'au public éclairé, qui savait si bien surmonter les désagréments de sa personne en faveur de son mérite. C'est un des plus beaux triomphes de l'art.

Sa voix de contralto, bien que très-étendue, était fort inégale, et, pour comble de disgrâce, elle était obligée, pour prendre une partie des sons du médium, de tordre la bouche, de sorte que le timbre en devenait tout particulier et vraiment étrange.

Plusieurs connaisseurs prétendaient que, malgré sa belle et grande méthode, cet inconvénient tenait seulement à la bizarre habitude qu'elle avait prise de tourner ainsi sa bouche vers une certaine hauteur de la voix, mais j'en doute.

Les meilleurs chanteurs ont deux manières de *faire;* l'une selon les règles de l'art, l'autre selon la nature de leur voix; et comme ils produisent souvent de grands effets par de certains défauts de leur organe (1), ils sont aussi souvent obligés de trahir l'art pour en pallier d'autres. Et nous avons vu parfois plus d'un grand artiste,

(1) Ainsi un des plus grands charmes du chant de madame Pasta était cette couleur vive qui résultait de l'inégalité des sons de sa voix, dont la partie grave était sourde, brusque et passionnée, tandis que les sons du fausset, par leur douce et suave fraîcheur, procuraient un contraste de jouissances variées et inattendues. Ainsi nous sommes souvent surpris par une sensation profonde de mélancolie en entendant à de certaines personnes le son guttural et rude qui résulte du passage subit de la voix de poitrine à la voix de tête, etc., etc.

après avoir bien chanté pendant plusieurs années d'après les principes de l'art, gâter leur manière par des défauts graves et enfin devenir décidément mauvais, et cela parce que la voix n'étant plus la même, ils faisaient comme ils *pouvaient* et non comme ils *savaient*, ce qui prouve que dans le chant comme en morale, l'indulgence et la charité peuvent n'être simplement que de la justice.

Maria fit sa rentrée dans *Otello* et fut reçue avec enthousiasme. *Otello* fut suivi de *Tancredi* et de *Romeo et Julietta* de Zingarelli.

Dans ces deux derniers opéras, Maria fut puissamment secondée par le charmant talent de mademoiselle Sontag, qui joua le rôle d'Aménaïde dans *Tancredi*, et celui de Julietta dans *Romeo*.

Maria était devenue un objet d'adoration pour tous les amateurs. A ses chants admirables elle réunissait les mérites d'une grande tragédienne. Son jeu n'était jamais étudié; il était le résultat de ses propres impressions, et si l'ardeur de son imagination l'emportait parfois au delà du cercle marqué par l'habitude ou les convenances, elle atteignait souvent le sublime.

Elle n'avait jamais pris de leçons de poses ou de déclamation; elle était l'élève de la nature, mais d'une nature forte, passionnée et tendre à la fois ; et comme elle avait l'instinct du beau et du vrai, elle comprenait à merveille, sans avoir recours à l'art, la manière de frapper juste au fond des cœurs.

Bientôt les intérêts de son état et l'impatience du cœur ramenèrent Bériot à Paris. Maria le reçut avec une joie naïve et tendre, mais avec réserve, car elle craignait par-dessus tout l'opinion. Elle se sentait déjà blessée en songeant que si elle était reçue dans le monde ce n'était qu'à cause de son talent.

La conscience qu'elle avait de sa propre valeur et sa fierté naturelle la faisaient beaucoup souffrir lorsqu'elle croyait apercevoir une ligne de démarcation, par rapport à elle, entre le rang et le talent, entre l'égalité qu'impose l'amitié et la simple affection qu'accorde la protection ; et souvent un regard, un geste, par leur rude choc, venaient, comme la foudre, renverser le palais magique où, transportée par ses adorateurs, elle jouissait en rêve de ses triomphes.

Sa vie était ainsi composée de contrastes.

Maîtresse des cœurs et des volontés par la puissance de son talent, enivrée d'éloges et de flatteries, elle se voyait adorée par ses esclaves. Mais ce front qui savait si bien porter une couronne, pliait et rougissait de dépit en face d'un salut plus ou moins aristocratique, et souvent, en rentrant chez elle, on la voyait fondre en larmes et s'écrier en sanglotant : « Rien que l'artiste!.... Ils ne voient que cela!.... l'esclave qu'ils paient pour leurs plaisirs!... »

On penserait, d'après cela, qu'elle devait se trouver flattée lorsque quelque personne de la société s'avisait de l'inviter chez elle, et que par un sentiment de délicatesse on évitait avec soin de la prier de chanter. Chose bizarre et inexplicable! Maria partait comblée d'attentions, mais emportant avec elle au fond du cœur un dépit secret qui se manifestait soit par l'ennui ou l'humeur qui perçait dans ses réponses lorsqu'on la questionnait sur ses plaisirs de la soirée, soit par les éloges tant soit peu amers qu'elle affectait de prodiguer au généreux désintéressement des politesses qu'on lui avait faites. Toutefois il était facile d'apercevoir alors que de tous les inconvénients, celui qu'elle redoutait le plus, c'était de se voir dépouillée de son auréole de gloire.

XIV

Maria comprenait toute l'importance d'une bonne réputation, seul moyen pour elle de compenser les inconvénients de sa position sociale et d'obtenir cette considération à laquelle elle attachait un si grand prix.

Un jour, dans un moment de confiant abandon, Bériot lui proposa de prendre un engagement pour la Russie, où il était lui-même attendu. Les plus brillantes conditions, les plus belles espérances de succès devaient être le résultat de leur mutuelle adhésion.

Ce projet, bien que tout naturel sous le rapport de l'art, blessa les susceptibilités de Maria.

Jusqu'alors elle ne s'était pas bien rendu compte de la position qu'elle s'était créée par rapport à Bériot : la pureté de ses intentions, le tour romanesque de ses idées, disons mieux, son imprévoyance et son étourderie, lui avaient, comme un voile, dérobé le danger et la difficulté pour elle, après l'aveu de sa tendresse, de garder tous ses avantages en face de son amant.

Elle crut entrevoir, pour la première fois, dans la proposition de Bériot, les conséquences de son imprudence, et non-seulement elle repoussa le projet de ce voyage, mais, tout en motivant son refus sur la crainte de l'opinion, Maria, par quelques paroles vives, fit comprendre à son ami ses regrets de ce qu'il n'y eût pas songé le premier. Bériot fut blessé de ce reproche, et pendant quelques jours des rapports plus froids existèrent entre eux.

Mais cette crise fut de courte durée, et bientôt une nouvelle explication vint rétablir la paix. Le lendemain de la réconciliation, Bériot ayant appris que Maria avait le désir d'apprendre à jouer de la harpe, lui en envoya une de toute beauté.

Touchée de cette attention, elle se mit à travailler avec ardeur sur cet instrument et parvint à s'accompagner elle-même la romance dans le rôle de Desdemona. Elle aurait sûrement réussi à très-bien jouer de la harpe, mais elle y renonça bientôt de peur de nuire à sa voix.

Elle avait une mémoire prodigieuse. Je l'ai

vue apprendre par cœur, en quatre ou cinq heures, un opéra en un acte, assez bien pour le jouer le soir. Elle lisait la musique et les paroles, tant en prose qu'en vers, avec autant de rapidité que de clarté.

Un jour, ayant été chez M. Neukomme pour essayer son orgue expressif, Maria prit la messe de ce compositeur, qu'elle trouva sous sa main, et chanta d'un bout à l'autre, en s'accompagnant, cette œuvre d'une extrême difficulté, copiée à la main, sans se tromper d'une parole.

J'ai déjà dit combien elle avait d'aptitude pour l'étude des langues, mais cette merveilleuse disposition ne se bornait pas seulement aux idiomes *parlés*, elle s'étendait aussi au langage des signes. Sa conception était d'une rapidité prodigieuse.

Un jour, un de ses amis lui amena un jeune homme sourd et muet. Maria ignorait son infirmité. La mélancolie de sa physionomie la frappa. Elle en fit l'observation à son ami, qui lui en apprit la cause. Maria n'avait jamais vu de sourd et muet, et n'avait pas une idée du langage des signes.

Frappée vivement de l'état de ce pauvre enfant, et les larmes aux yeux, elle s'en approche, l'excite, tâche de lui communiquer ses idées par signes, l'observe, essaie à son tour de l'imiter, finit par le comprendre, et au bout d'une demi-heure elle avait établi une conversation dans toutes les règles avec lui, au point de lui servir d'interprète...

Et c'était une belle chose à contempler que les yeux attentifs du jeune homme, et ce regard où toutes ses facultés étaient concentrées, dardant des étincelles de curieuse intelligence sur les prunelles voilées de larmes de Maria et sur ce visage d'une expression magique!...

Maria aimait tous les exercices du corps. Elle

montait parfaitement à cheval, mais elle dansait mal. En général les chanteurs ont peu de disposition pour la danse, et ce qu'il y a de plus singulier, ils dansent souvent à contre mesure, comme les musiciens sont peu sensibles aux charmes de la poésie.

D'où cela vient-il? On pourrait penser, de prime abord, qu'un sens plus développé absorbe la faculté des autres sens; mais s'il est vrai que la danse et la musique, ainsi que la musique et la poésie, comme les plantes d'une même famille, fleurissent sur la même tige, on ne saurait où trouver la cause d'un phénomène aussi contradictoire.

Au milieu des brillants succès que Maria obtenait chaque jour, elle avait à souffrir des tracas inévitables qui surgissaient fréquemment entre elle et l'administration.

Cette dernière était exigeante, et Maria, dont

le caractère indépendant, comme je l'ai déjà dit, pliait difficilement, se révoltait souvent sous le joug théâtral, lien inflexible et pesant, caché sous des monceaux de fleurs, esclavage volontaire qui, entre la flatterie et le coup de fouet, laisse à l'âme altière si peu d'espace pour se tordre, se mettre en révolte et mordre la chaîne qui la coupe jusqu'au vif.

Mais d'autres orages plus violents l'attendaient.

XV

M. Malibran arriva d'Amérique.

Sa femme, qui jusqu'à ce moment l'avait constamment secouru, comprit qu'il lui serait impossible de suffire par son travail à satisfaire les engagements de son mari en même temps qu'à pourvoir à son entretien.

En se mariant, M. Malibran lui avait assuré qu'elle aurait une existence indépendante et qu'il la retirerait du théâtre, et pour indemniser le père de la perte du talent de la fille, il devait, dans l'espace d'un an ou deux, lui faire un don de 100,000 francs.

A peine deux mois s'étaient écoulés après le mariage que M. Malibran fit faillite. Dès ce moment l'existence de Maria ne dépendit plus que de son talent.

Quatre ans de travail et de fatigues continuelles lui avaient à peine procuré quelques faibles économies : elle eut donc de justes motifs pour craindre que la présence de son mari en Europe ne fût la perte d'un avenir qu'elle se préparait avec tant de peine. Son union avec lui, d'ailleurs si disproportionnée, n'avait été marquée jusqu'alors que par des souvenirs amers.

Ces motifs n'étaient peut-être pas encore suffisants, en face du monde et de la loi, pour la justifier de n'avoir pas voulu recevoir son mari chez elle.

Mais, dans les affaires de ménage, il est aussi juste qu'équitable de toujours suspendre son jugement et respecter les mille et une raisons puissantes, qui, dans de pareils cas, ne peuvent se faire jour hors du foyer domestique.

Si on ajoute à ces causes de juste circonspection l'indépendance qu'acquiert la femme artiste par le seul fait d'être le propre instrument de sa fortune, on n'osera pas condamner Maria.

M. Malibran insista à faire valoir ses droits; mais moyennant la médiation de quelques amis communs et quelques sacrifices pécuniaires, une transaction à l'amiable eut lieu.

Dès ce moment, Maria comprit toutes les conséquences du précoce et imprudent engagement qu'elle avait contracté.

Son mari, bien que modéré dans l'arrangement qui venait d'être arrêté entre eux, pouvait changer d'avis, et alors elle se retrouvait encore, d'après la loi, sous sa dépendance. Cette crainte lui causait une frayeur continuelle, elle pleurait et se débattait contre sa destinée.

C'est au milieu d'une nuit sans sommeil que la pensée subite du divorce la frappa. Plusieurs motifs puissants à faire valoir se présentèrent tour à tour à son imagination, et à peine le jour parut qu'elle s'adressa à un de ses amis, le priant de la conduire chez un avocat célèbre.

Le mariage ayant eu lieu à New-York, celui-ci jugea que certains renseignements étaient indispensables. On écrivit en Amérique, et les choses en restèrent là pendant quelques mois.

C'est alors que Maria, sachant l'influence du général Lafayette aux États-Unis, lui écrivit, le priant de lui accorder sa recommandation près des juges, comptant d'abord que l'affaire devait être, selon toutes les apparences, plaidée à New-York.

M. de Lafayette alla la voir et ne tarda pas à être enchanté de sa protégée. Il devint son ami, je dirai son père, car il l'appelait souvent ma fille, et lui témoignait la plus vive affection; parfois même, ce beau vieillard fixant sur elle ses yeux où l'ardeur de la jeunesse semblait briller encore... « Maria, lui disait-il, savez-vous que vous êtes mes dernières amours?... »

Tous ceux qui ont connu Maria dans l'intimité comprendront facilement cette fascination prestigieuse qu'elle avait opérée sur le général Lafayette, car il n'y a pas un d'eux qu'au bout de quelques heures elle n'eût captivé par le charme et l'originalité de son esprit. Puis elle était si rieuse, si simple, si soumise aux avis des gens en qui elle se confiait, qu'on finissait par l'adopter et l'aimer comme un enfant charmant.

Bien que très-flattée, elle avait un tel amour de la vérité, qu'elle en était subjuguée même lorsqu'elle se présentait sous des formes sévères. C'est ainsi que, guidée par le plus noble instinct, elle s'attacha le plus dévoué de ses amis.

Maria avait un goût vif pour les jeux d'esprit. Les charades, les rébus, les vers, les calembours, elle essayait tout, et faisait preuve souvent d'une rare connaissance des tours délicats ou plaisants de la langue.

Un soir elle était chez M.*** Plusieurs personnes s'y trouvaient réunies, et chacun essayait à son tour d'imiter Maria ou de l'applaudir.

M. Viardot, qui la connaissait fort peu alors, faisait partie de la société, mais se tenait à l'écart, observait et n'applaudissait pas. Maria, par quelques mots aimables, avait essayé de l'attirer vers le centre des plaisirs de la soirée, c'est-à-dire vers la grande table, où, entourée de ses admirateurs, elle leur prodiguait tous les charmes de son esprit et de ses talents.

Mais M. Viardot, toujours à une certaine distance, continuait à conserver une attitude réservée et souvent blâmait ce que les autres approuvaient. Tout à coup, tenant à la main un rébus qu'elle venait de faire, Maria s'approcha de lui et lui dit à voix basse : « Donnez-moi donc votre avis sur mon rébus... — Il n'est pas bon, lui dit M. Viardot, et voici pourquoi... »

Maria écouta son avis, puis elle lui dit : « C'est singulier, tout le monde me fait des compliments, tout le monde m'applaudit, et vous seul vous ne me dites rien ou m'improuvez. Pourquoi cela?... — Parce que je vous estime trop pour chercher à vous plaire par des flatteries, et que je suis assez votre ami, bien que ne vous voyant que rarement, pour vous dire la vérité, même au risque de vous déplaire. »

Aussitôt qu'il eut fini, Maria, qui l'avait écouté attentivement, ses beaux yeux attachés sur lui, avance sa petite main : « Donnez-moi la main, lui dit-elle, vous êtes un brave homme, vous me plaisez, accordez-moi votre amitié, la mienne vous est acquise pour la vie. » Depuis ce moment, M. Viardot devint son confident et son conseil.

On verra plus tard combien son dévouement lui fut utile.

Maria avait une grande facilité pour la composition, et nous connaissons une foule d'airs et de romances d'elle qui l'attestent. Elles portent en général l'originalité de son caractère, tendre et brillant à la fois. Elle ne les vendait jamais, et les destinait, soit à faire des cadeaux à ses amis, soit à de bonnes œuvres.

Voici un trait d'elle, entre autres, qui est d'une délicatesse exquise.

Maria rencontrait souvent chez un de ses amis une dame veuve et âgée ; celle-ci était pauvre et malheureuse. Maria éprouvait un vif désir de la secourir, mais la position et le caractère de madame Du.... exigeaient des ménagements.

Voici comment notre charmante artiste s'y prit.

« Madame Du...., lui dit-elle un jour, je sais que votre fils fait de fort jolis vers. — Oui, madame, il s'amuse quelquefois à cela... Mais il est si jeune ! — Mais savez-vous que je vais lui proposer une petite affaire à moitié? Troupenas (1) m'a demandé un nouveau cahier de romances, je n'ai pas de paroles : si M. votre fils veut me les donner, nous partagerons les profits. »

Maria reçut les vers et donna en échange

(1) L'éditeur de toutes ses romances.

600 francs. Les romances ne furent jamais faites.

Au mois de février, Bériot partit pour Bruxelles, et quelques semaines après, sa sœur écrivit à Maria, en lui proposant, de la part de son frère, un engagement en Hollande pour un certain nombre de concerts.

Mais Maria, toujours prompte à s'alarmer, et malgré le tendre penchant qu'elle couvait dans son cœur, se livrant à des conjectures sur les intentions de Bériot et sur le tort qu'allait lui faire dans l'opinion ce voyage avec lui, fit sa réponse dans ce sens à madame J..... Comme les explications sont plus difficiles de loin que de près, la correspondance fut interrompue et les deux amants brouillés.

XVI

La saison de Londres ramena Maria en Angleterre.

Le directeur Laporte commençait à faire de mauvaises affaires; mais un engagement aussi brillant que celui de l'année antérieure décida Maria à courir la chance.

Elle partit le 2 avril de Paris et arriva à Londres le 5. Maria devait débuter par la *Cenerentola*, après madame Lalande, qui faisait partie aussi de la troupe comme prima donna, et qui parut avant elle dans le *Pirate*... Mais laissons Maria elle-même raconter le début de sa rivale.

Cette lettre, adressée à un de ses amis, dévoile, par l'originalité qui y règne, ce mélange de désordre et de malice, de crainte et de passion qui se fait jour à l'insu de celle qui écrit, et peint avec les vives couleurs d'une nature excentrique le malaise de l'émulation et cette secrète agitation dont les talents du premier ordre ne sont pas exempts en face de tout autre talent.

« Mon bon, mon meilleur ami, je ne voulais
» vous écrire que lorsque j'aurais eu quelque
» chose d'intéressant à vous dire, mais je romps
» la glace et j'écris sans but aucun, excepté ce-
» pendant l'idée de vous faire lire un peu mon
» griffonnage, qui, je n'en doute pas, vous fera

» tressaillir de joie et de bonheur, qui vous en
» donnera pour plusieurs jours, etc... Je dis
» cela parce que je juge des autres par moi-
» même. Je vous vois d'ici vous donnant une
» bonne tappe avec la main droite sur le front et
» sur la cuisse, en disant : « Mon Dieu, est-elle !...
» Mais il n'y a que les femmes... bonnes, bon-
» nes, mille fois bonnes... » Et mais, je réponds
» à tout cela : « Vrai, vrai, cent mille millions de
» fois vrai. »

» Voyons si je pourrai rappapilloter une nou-
» velle...

» Parlons du début de madame Lalande (1).

» Je suis au théâtre avec lady Flint, sa fille et
» son mari. Me voilà, ma lorgnette braquée sur

(1) On voit que Maria, l'esprit tout occupé du début de madame Lalande, avait un but en commençant cette lettre, c'était celui de soulager son âme, dans le cœur d'un ami, des émotions de la soirée.

» mes deux quinquets, sans bouger, attendant, » après l'ouverture, que le *Pirate*, représenté » par Donzelli, fasse son apparition.

» L'ouverture... Hum!... Comme ci, comme » ça. Elle ne fait pas grand effet. On lève le ri- » deau. Jolie décoration... On applaudit l'ouver- » ture. Un bon décorateur est l'artiste le plus » important pour la réussite d'une ouverture.

» Le Pirate arrive... Un air bien beuglé, bien » hurlé, lui vaut des applaudissements non mé- » rités, qu'il reçoit en faisant trente-six mille » courbettes et révérences... jusque dans les cou- » lisses.

» L'air n'est pas mal, il y a de l'originalité.

» Changement de décoration.

» *Venga la bella Italiana* (1)! disait *mon*

(1) On sait que madame Lalande n'était ni belle ni Italienne.

» *petit moi*, qui s'impatientait. Enfin, la voilà, » dis-je en m'avançant en dehors de la loge pour » mieux voir. Imaginez une femme d'un âge » frisant la quarantaine, blonde, visage d'ou- » vrière en journée, sans presque pas de bonne » expression, pas jolie taille, ayant de commun » avec moi le plus vilain pied du monde, coiffée » désavantageusement et habillée idem.

» Commence le récitatif... Sa voix tremble si » fort que je ne puis juger si elle est aigre, douce » ou autrement... J'attends patiemment la cava- » tine pour juger.

» Commence la cavatine...... Elle file un » son.

» Me voilà à plaindre cette malheureuse, qui » ne trouve pas son courage. Elle finit son air, » qui est très-joli et qu'elle chante toujours avec » cette maudite continuation ondoyée... Elle est » couverte d'applaudissements, d'encourage- » ments... Mille révérences, d'usage à Londres

» seulement, et dont on lui a dit l'effet, lui va-
» lent des salves prolongées.

» Arrive le beau duo que vous connaissez.

» Elle chante ce duo froidement et toujours
» en tremblant.

» Enfin, pour ne pas vous ennuyer plus long-
» temps, elle finit l'opéra comme elle l'a com-
» mencé. Elle a un bel air à la fin, où elle est
» folle. On vient de tuer son *consorte* et son
» amant. Elle arrive avec un petit enfant qui
» bâille, parce qu'il aime mieux faire dodo que
» d'entendre un air *lacrimoso* qui a besoin
» d'être chanté et surtout joué d'une manière
» tout opposée pour y produire un effet déli-
» rant. Il en a résulté, qu'elle n'a pas fait le
» moindre effet. On l'a cependant redemandée
» après. Elle est arrivée recueillir les applaudis-
» sements les plus anonymes, les plus unanimes
» veux-je dire, qui aient jamais été donnés, car
» on disait bien généreusement qu'elle n'était

» pas bonne. Mais je n'ai pas voulu la juger » comme tout le monde, au premier abord, j'ai » attendu.

» Or, *vien il meglio,* comme dit Susanne. J'ai » découvert que cette manière de chanter et de » filer le son ~~~~~~~~~~~~~~~~~~~~ » était une qualité immuable, fixe, éternelle! » Vous comprenez combien nos voix iront peu » ensemble... deux à deux, comme trois chèvres. » Ses notes du milieu sont comme un fil de fer » tendu qui produirait un petit son rouillé, per- » çant et peu ou pas du tout agréable.

» L'opéra n'est pas mauvais, il s'en faut, mais » il y a beaucoup de *faiblesses*. Il y a un trio » magnifique entre les deux rivaux et l'épouse » qui est si fidèle amante du Pirate, que le rival » et époux se trouve tout bonnement aux pieds » de sa femme qui ne veut pas consentir à le » suivre malgré son humble posture.

» Un autre que moi aurait expliqué d'une ma-

» nière plus intelligible cette scène qui ressem-
» ble beaucoup à celle d'Otello, Yago et Desde-
» mona ; mais comme je sais à qui j'ai à faire, je
» ne me donne pas la peine d'écarter les ténè-
» bres qui règnent généralement dans toutes mes
» descriptions.

» Comme le proverbe qui dit : « L'on apprend
» à hurler avec les loups » est vrai ! Je m'aper-
» çois que je ne dis plus un mot ni n'écris une
» phrase sans intercaler une de ces interminables
» parenthèses. Vous verrez par là comme c'est
» amusant lorsqu'on veut savoir une chose qui
» vous intéresse de n'en venir jamais au but, de
» tergiverser sans cesse, d'ondoyer l'intérêt de
» l'histoire et d'aller en zigzaguant... Enfin vous
» savez ce que je veux dire. C'est un avis que
» je vous donne en passant, parce que je ne
» veux pas d'inutilités dans les lettres que j'at-
» tends de vous journellement, qui m'instruiront
» des progrès de vos santés ou de la décadence
» d'icelles. »

« Ce 29 avril 1830.

» Je débute, parce que Laporte est un peu
» dans la débine : il est en décadence. Le petit
» succès de madame Lalande le défrise, et il
» m'attend comme le Messie, pour le tirer du
» bourbier dans lequel il est jusque *z'au cou*.

» Vous savez que les ramoneurs font toujours
» leur début le 1er du joli mois de mai, en dan-
» sant dans les rues, habillés en chie-en-lit et
» couverts de rouge?... Je suis bien aise de ne
» pas paraître ce jour-là de peur de la compa-
» raison... Il y en aura tant d'autres à faire sans
» celle-là !...

» Vous saurez que la peur me galope telle-
» ment que j'en... suis malade. Passons à autre
» chose.

» Je vais déjeuner. Ce soir, après l'opéra, vous
» saurez comment j'aurai été. »

« Le 30 avril 1830.

» Voilà une corvée de passée. J'ai débuté hier
» au soir dans la *Cenerentola*. Mon ami, j'ai
» fait ce qui s'appelle *furore* en Angleterre, car,
» à Paris, j'aurais pris mon succès pour une
» demi-décadence (1). Cependant mon entrée a
» été belle. On m'a redemandée à la fin, et je
» puis dire que j'ai été complétement applaudie
» par toute la salle, le parterre comme les loges.

» L'on trouve ma voix plus forte que l'année
» passée. On a été enchanté de ma petite figure,
» ce qui m'est fort égal; je vous le dis seulement
» parce que je vous dis tout. On m'a trouvée
» bien portante et pleine de moyens, ce qui est
» vrai en effet. J'ai fait preuve de la plus
» grande complaisance en consentant à débuter

(1) Elle n'avait pas jugé de la même manière l'enthousiasme du public pour sa rivale... et pourtant le succès de Maria avait été bien plus prononcé, bien plus brillant.

» un jeudi, qui est un jour d'Italiens où per-
» sonne ne va au théâtre, c'est-à-dire que l'on
» n'a l'habitude de jouer que pour des bénéfices.
» Aussi, malgré que la salle n'était pas tout à
» fait pleine, on a été étonné de voir autant de
» monde; et comme c'était à cause de moi qu'on
» était venu, cela me met terriblement à la
» mode.

» J'ai vu, en traversant le théâtre, mon ami
» *Louchard*, auquel j'ai fait un salut gracieux,
» comme je le fais quand je ne veux pas en
» faire deux.

» Demain, je répète la même chose, et je
» crois que je chanterai bien mieux. Ce soir, je
» chante un air au concert des artistes... *vété-*
» *rinaires*.

» Faut-il que je vous dise de nouveau que
» vous me tenez lieu de tout? Vous le savez
» mieux que moi. C'est à vous que je dois le peu

» de bonheur dont je jouis maintenant et dont
» j'ai joui à Paris. Vous êtes si bon! Aussi je
» porte une bague qui est le parfait emblème de
» notre amitié : un nœud qui ne peut se défaire ;
» plus on tire, plus il se serre. N'est-ce pas que
» c'est l'image de la plus parfaite et solide af-
» fection, de la plus durable et plus pure ami-
» tié? Oui, plus j'y pense et plus je comprends
» par cette amitié l'éternité, car il me semble
» que je dois vous rencontrer après que je serai
» morte, et que je vous aimerai encore et de
» même... Comme c'est beau, l'éternité dans ce
» cas... Mais il y a des choses dans ce monde
» de mort et de misères qui dureront une
» éternité...

» J'avais écrit, dans mon désespoir, à Viar-
» dot, qui a fait tout ce qu'il a pu pour me con-
» soler. J'étais si malheureuse que j'ai dit à lady
» Flint, ma bonne amie, quel était mon mal-
» heur (1). Elle en a parlé à un de ses amis, un

(1) Il s'agit ici de son divorce.

» excellent homme, qui m'a dit que dans un pa- » reil cas il avait été lui-même tiré d'embarras » en consultant un monsieur de ses amis, un » lord fort âgé (il a soixante-dix ans), qui, à ce » qu'il paraît, connaît les lois comme ses poches. » Ce matin, à midi, sir Georges Warender, qui » est *le vieux ami* du *plus vieux*, viendra me » parler de cela. Comme je ne risque rien en » prenant des renseignements, je lui en dirai » autant qu'il faudra (pas davantage) pour qu'il » me donne un avis salutaire qui soulage un » peu mon âme oppressée.

» Si vous étiez bien près de moi et que je » pusse vous parler... je ne demanderais pas » d'avis, je ne chercherais pas ailleurs un re- » mède à ma douleur... Mais... mon ami... je » vous en prie, ne me faites pas de surprise. » Lorsque le jour heureux où je dois vous re- » voir viendra, dites-le moi bien longtemps » d'avance, afin que j'avale à longs traits, par » avance, ce bonheur dont j'aurai bientôt la

» source... Oui, vous en êtes la source la plus » pure ; vous pouvez seul faire lever la tête à » cette fleur qui est courbée vers la terre ; vous » la faites renaître, vous lui faites reprendre, » par votre esprit, toute sa force, toute sa vi- » gueur... La pensée !... Et cette fleur est celle » qui ne vous quitte jamais, qui est toute pour » vous, parce que vous êtes bon, parce que vous » savez consoler les affligés, parce que vous » leur donnez des conseils de père, parce que » vous êtes leur frère, parce que vous êtes le » mien, et parce que... parce que... Ah ! ma » foi, je n'en finirais plus avec mes *parce que,* » s'il fallait tous les faire passer en revue de- » vant M. le...

» Maintenant je vous quitte, je vais m'habiller » pour attendre mon homme, *ami du vieux* » *ami,* et puis je vais à ma répétition.

» Adieu, papa, maman, frère, sœur, adieu, » tout, tout, là. »

« Ce 1er mai.

» J'ai eu du monde toute la journée pour ré-
» péter, je n'ai pu vous écrire, mon bon ami ;
» la voiture est en bas, elle m'attend pour aller
» au théâtre, où elle me quittera, ainsi que ma
» pantoufle, si je tarde ; mon cocher deviendra
» un gros rat, mon laquais un écureuil, mes
» chevaux une belle paire de souris.

» Je vous écrirai le succès de ce soir, soirée
» fashionable à Londres pour notre théâtre.

» Je viens de jouer, mon bon et sincère ami ;
» jamais, mon cher, jamais, de toute la saison,
» on n'avait vu une *pleine* aussi grande. On a
» renvoyé du monde en grande quantité. J'ai
» mieux chanté que jeudi. Tous mes camarades
» sont enchantés de moi et ont l'air de m'aimer
» infiniment. Ils sont venus me féliciter après
» l'opéra, et ils disaient entre eux en s'en allant :

« Voilà ce qui s'appelle chanter... Voilà une vé-
» ritable artiste... Quel talent! »

» Cela m'a beaucoup amusée, en même temps » je suis fâchée que cela soit, pour la peine » que cela peut leur faire, mais cela est. »

Cette lettre est précieuse; on y saisit la nature sur le fait. C'est un portrait vivant du caractère de Maria.

Quel mélange de gaieté et de mélancolie! Quelle manière de s'élever aux pensées les plus sévères, pour dévier ensuite brusquement et retomber dans le trivial ou le burlesque! On dirait des brillantes fusées qui, lancées d'abord hardiment dans l'espace, s'élèvent avec rapidité, puis s'écartent subitement de leur ligne et retombent en bourdonnant et décrivant des cercles grotesques sur la poussière.

Quel désordre et quelle richesse à la fois

d'imagination; mais surtout quelle naïve sincérité, quel confiant abandon! Comme elle a foi dans l'amitié, dans le succès et jusque dans les compliments de ses camarades!

XVII

Maria joua dans le courant de la saison à Londres, outre la *Cenerentola*, *Romeo et Julietta* de Zingarelli, *Otello* et le *Mariage secret*.

La première représentation de ce dernier opéra fut donnée pour le bénéfice de Donzelli. Maria joua le rôle de Fidalma avec un grand succès.

Se plaçant au-dessus de tout sentiment de coquetterie comme à Paris, elle eut le courage de représenter ce personnage d'une manière burlesque et tel que Cimarosa l'avait conçu.

Il faut que le visage de la tante accuse déjà des rides et que son costume date d'une génération au-dessus de celle de ses nièces, pour faire ressortir tout le ridicule de ses prétentions sur les prétendants de celles-ci, et certes, le rôle de la tante dans les querelles de famille se comprend beaucoup mieux sous le costume que Maria lui avait donné, bien qu'un peu exagéré, que sous l'élégante robe et la coiffure coquette de la belle mademoiselle Amigo.

En voyant sa taille svelte et son visage plein de beauté et de jeunesse, on est tenté de trouver que les amoureux de ses nièces avaient fort mauvais goût de ne pas lui donner la préférence, et que l'auteur du libretto n'a pas eu le sens commun.

Maria éprouva quelque crainte en abordant le rôle de Romeo devant le public de Londres, qui avait tant applaudi la Pasta sous le costume du jeune Montecchi; mais le succès de Maria ne fut pas moins brillant à son tour.

Ce n'est pas la supériorité seule qui suffit à compléter les jouissances du spectateur : c'est surtout l'individualité, qui, en les variant, modifie à l'infini ses sensations. Aussi lorsqu'on est exempt de la manie qui soumet les plaisirs que les arts procurent à une loi systématique de comparaison, on est souvent surpris d'éprouver un intérêt, un frémissement involontaire causé par une nouvelle sensation, en écoutant un air qu'on avait entendu à un bon chanteur, rendu même par un talent médiocre...

La différence du timbre de la voix, l'accent, l'âme qui se pénètre du sentiment de la musique et l'exprime selon sa puissance, l'esprit qui saisit le sens des paroles et les comprend d'après lui, tout contribue à varier, à renouveler les impressions : aussi, ce qu'il faut éviter avant tout, dans le chant, c'est l'imitation.

Il est vrai qu'il y a bon nombre de personnes qui, ayant l'âme aussi paresseuse que d'autres ont l'esprit, aiment mieux qu'on reproduise sur elles toujours les mêmes sensations, plutôt que d'être obligées d'en recevoir de nouvelles, et préfèrent les *calques*, au risque de s'en ennuyer.

Mais celles-là ne sont pas nées poëtes, et, à coup sûr, les jouissances qui leur arrivent par les arts ne font pas une grande part de leur existence ; pourtant (ce qui n'est pas rare, appliqué à bien des choses), c'est précisément à ces juges-là qu'on sacrifie toute originalité, et lorsqu'un type s'est présenté au théâtre, c'est à qui l'imitera, pour être assuré d'avance du succès.

Mais ce qui peut arriver de plus heureux à

un artiste, c'est de ne pas avoir de tradition en abordant un rôle. S'il a de l'intelligence et le sentiment de l'art, il peut être certain de réussir. Maria ne fut jamais si belle que dans les rôles qu'elle créa.

Une des causes qui contribuèrent à déterminer sa supériorité dans le jeu, c'est que dans les opéras de Rossini, comme dans bien d'autres qui n'avaient pas été faits pour elle, elle n'imita personne.

Ayant abordé toutes ces œuvres en Amérique, et la plupart avant de les avoir vu jouer, elle les rendit telles qu'elle les avait conçues.

Ainsi, ses inspirations dans le rôle de Desdemona furent neuves et heureuses. Lorsqu'elle paraît sur la scène, au moment où Otello et Rodrigo vont se battre, Maria ne regarde pas celui-ci, elle ne paraît pas s'apercevoir de sa présence sur la scène.

Ses yeux, son âme, toutes ses facultés semblent concentrées sur son amant; elle n'est occupée que de sa douleur, de son injuste ressentiment, de la crainte de perdre sa tendresse.

Le duel ne l'occupe que d'une manière secondaire, et si elle veut l'empêcher, c'est pour éviter à Otello un attentat injuste, mais pour sa vie, elle ne craint rien. Elle semble le supplier seulement pour qu'il épargne l'objet de sa haine, mais pour lui, elle ne redoute pas qu'il succombe.

Tant qu'Otello est là devant elle, elle ne voit que sa force, son courage, sa gloire; elle ne songe pas à son danger, parce qu'elle le croit tout-puissant, et ne s'occupe qu'à le calmer.

Il ne lui vient pas dans l'idée de supplier à son tour Rodrigo, comme l'avaient fait jusqu'alors les autres artistes à qui ce rôle avait été confié à Paris, qui, ne songeant pas à mettre en jeu les ressorts cachés d'une passion profonde et exaltée dans une femme, ne voyaient qu'un homme dans leur amant, et dans Rodrigo et Otello, que deux ennemis à réconcilier.

Mais lorsque Maria perd de vue le dernier, cette foi dans la force invincible de son amant, que jusqu'alors elle avait puisée dans son regard, se dissipe aussitôt, et sa douleur et ses angoisses deviennent sublimes.

Mais surtout elle était incomparable lorsque, plus tard, en apprenant qu'Otello vit encore, dans le saisissement de sa joie, elle se précipite sur le devant de la scène, et par des sons élevés et brillants, qui semblent partir du fond de son âme, elle répète *Vive! vive!* appelant ainsi tout le public à partager son bonheur... Eh! qui a pu entendre une fois la voix de Maria dans cette admirable phrase de *Il padre m'abbandona* et l'oublier? quel cœur n'a pas été ému, quelles fibres n'ont pas été ébranlées à la triste mélodie de ce lien magique, qui, en attachant un son à l'autre comme la trace lumineuse d'une étoile qui s'élance vers une autre étoile, portait dans son essence quelque chose de divin ?...

Les intentions de cette admirable artiste ont été imitées depuis avec assez de succès, mais ce cachet original, cette vérité spontanée, lui appartiendront toujours, et le souvenir des impressions que nous avous reçues d'elle auront toujours pour nous le charme de la *rimembranza del primo amor.*

Ce fut pendant cette saison de Londres, en 1830, que Maria fit connaissance avec Lablache, cet admirable chanteur, cet homme de bien dont on ne saurait trop faire l'éloge, soit comme grand artiste, soit comme l'honneur de son état par l'élévation de ses sentiments, son esprit droit et la bonté de son cœur.

Maria, qui éprouvait un attrait instinctif pour

toute supériorité d'âme ou de talent, ne tarda pas à s'attacher à lui, et cette amitié si vive d'abord ne fut jamais altérée.

Bons et charitables tous deux, ils se rencontraient souvent de moitié dans leurs bonnes actions.

Un jour, à Londres, un Italien émigré s'adressa à Lablache pour lui demander un secours. Le pauvre exilé avait la permission de rentrer dans son pays, mais il était dans la gêne et n'avait pas les moyens de payer son voyage.

Le lendemain, Lablache, pendant la répétition, et lorsque tous ses camarades étaient réunis, leur fit la proposition de se cotiser pour secourir leur malheureux compatriote. Tous répondirent à l'appel.

Madame Lalande, Donzelli, promirent chacun 50 francs. Alors Lablache, se tournant vers Maria, qui avait gardé le silence jusqu'alors, lui dit : « Et toi, Maria, que veux-tu donner? — Comme les autres, » répondit-elle.

Le bon Lablache partit avec son petit trésor et fut tout de suite l'offrir au malheureux Italien.

Le lendemain, Maria étant seule avec Lablache, lui dit: « Ajoutez à mes 50 francs pour ce pauvre homme 250 francs; je ne vous en ai pas parlé hier parce que je ne voulais pas donner plus que mes camarades, n'en dites rien. » Et ce bon Lablache de courir chez son protégé, qui, profitant du bienfait de la veille, était déjà parti pour aller s'embarquer.....

Le bienfaiteur ne se décourage pas, il va, il se presse et arrive juste lorsque le bateau à vapeur fendait déjà majestueusement les eaux de la Tamise.....

Alors l'ardeur charitable de l'excellent homme s'accroît par la difficulté, et faisant approcher du rivage, à la hâte, un bateau, il y monte, se fait conduire jusqu'au bâtiment, l'aborde, et remet enfin le surplus de la quête à l'émigré, qui par sa joie et l'expression de sa reconnaissance le dédommage amplement de sa peine.

XVIII

Maria était fine et mordante dans ses observations; on en jugera par la malice et l'originalité de la lettre suivante, écrite de Londres dans le mois de mai 1830.

...... « Je dîne demain chez madame ***.
» Quelle drôle de femme! quelle drôle de ma-

» nière de recevoir une personne qui lui porte » une lettre de recommandation de sa fille !.... » quelle drôle de manière de demander à une » artiste un arrangement parce qu'on veut » donner quatre concerts, ce qui oblige *ladite* » artiste à offrir ses services *pour rien* plutôt » que de se voir marchander... ce qui oblige la » *drôle* de personne à l'engager à dîner pour » demain.

» Vous savez quel est l'effet du lait sur les » huîtres ?... Dissoudre. Je crois que j'ai éprouvé » le sort de la malheureuse huître lorsque je » suis entrée dans la salle à manger... j'ai été » *dissoute* par le *lait* de la repoussante *dame* » *du castel.* Elle avait son regard sévère et » son froid dédain... Je vais aussi en tremblant » chez elle demain... Quel agréable dîner de » famille !...

» Il me semble que je vous vois et que je vous » conte tout. Que ne me semble-t-il *vrai !!!* que » ne vous vois-je pas en réalité ! Dites-moi, mon

» cher ami, si on ne m'a pas fait une peur de
» tous les... On m'a dit que nous allions avoir
» une nouvelle édition de la révolution de
» France! Il faudrait, ce me semble, empêcher
» les jeunes gens d'en faire la lecture. Je serai
» bien aise, pour ma part, de savoir si cette
» nouvelle épreuve aura du succès, car, dans
» ce cas-là, comme je serai presque sûre d'en
» avoir un exemplaire en Angleterre, je pour-
» rais me dispenser d'aller en France. Puisque
» je cherche à élever mes idées, que ce soit ici
» ou là-bas, c'est la même chose pour moi,
» c'est-à-dire que cela ne m'ôte pas ma peur :
» aussi je la garde. »

On voit par la fin de cette lettre que Maria avait la crainte de se trouver en France pendant les troubles politiques de 1830, mais elle écrit sur ce sujet avec l'originalité qui la caractérise en tout. Il n'y a pas une ligne dans ses lettres qui ne porte le cachet de sa nature excentrique.

On verra par celle qui suit combien elle était sensible aux égards qu'on accordait à sa personne...

« 4 mai 1830.

» Je n'ai pas été dîner chez madame *** tant
» j'avais eu peur d'elle. Je lui ai envoyé une
» excuse et j'y suis allée le soir. Elle m'a plu
» davantage. Elle m'a fait beaucoup d'honnê-
» tetés. J'ai chanté un peu. J'ai ensuite été chez
» la duchesse de Canizzaro : madame Lalande
» y était. J'ai à moi toute seule fait les frais, et
» à moi toute seule aussi *fait le fanatisme.*
» On montait snr les chaises pour me voir. Le
» duc de Wellington est venu me prendre la main,
» qu'il a secouée pendant dix minutes à me la
» casser. Il a été charmant. Toutes les dames
» m'invitent à aller les voir, me demandent
» mon adresse pour venir chez moi... Enfin,
» vous auriez été content comme l'on trai-
» tait votre *petite fille*, votre second enfant
» gâté.

» Je vous quitte pour aller à la répétition du
» *Mariage secret*, qu'on joue samedi pour le bé-
» néfice de Donzelli, etc. »

Tout en remplissant ses engagements au *King's-Theatre*, Maria profitait de ses jours libres pour chanter dans différents concerts où elle était demandée dans les environs de Londres, ce qui la fatiguait et l'enrichissait à la fois.

« Mercredi, écrivait-elle à son ami le 26 mai,
» je vais à Bath après le concert *ancien*; j'ar-
» rive jeudi à neuf heures du matin, je chante
» deux morceaux à une heure, je pars, et dans
» une heure je me trouve à Bristol pour jouer
» le soir le troisième acte d'*Otello* avec Don-
» zelli. Je gagne mes cent vingt guinées et j'ar-
» rive le lendemain à Londres pour recommen-
» cer, etc., etc. C'est beau, n'est-ce pas? »

Au mois d'août, Maria retourna à Bath.

où elle chanta dans plusieurs concerts publics, au prix chaque fois de soixante-quinze guinées.

Mais, quelques jours avant, ayant appris qu'on allait donner un concert pour les pauvres à Calais, elle y arrive, chante à ce concert, fait une quête elle-même dans la salle, en dehors de la recette, et repart le lendemain pour l'Angleterre.

Lorsqu'on songe à la faiblesse apparente de son organisation, on ne saurait comprendre comment elle pouvait endurer tant de peine, résister à tant de fatigue; mais Maria avait reçu de la nature un caractère ferme et résolu, et comme elle avait été élevée fort rudement, elle n'était jamais arrêtée dans ses déterminations par le besoin de se ménager; elle était devenue pour elle-même ce qu'on avait été pour elle, dure et inflexible.

Bien qu'absorbée par le travail et les succès,

Maria ne pouvait, en s'applaudissant de sa résolution, étouffer entièrement la voix secrète du cœur qui, dans son malaise, venait à chaque instant la troubler par de tendres souvenirs et des regrets : elle ne savait pas encore qu'on a beau faire, on n'échappe pas à sa destinée.

Elle ne se croyait pas assez aimée, mais elle aimait, elle aimait pour la vie... Et que faire alors ?...

Voici ce qu'elle écrivait à un ami qui lui avait envoyé une lettre de Bériot, dont elle n'avait pas reçu de nouvelles depuis leur rupture...

« 1er mai 1832.

» J'ai reçu votre chère lettre, qui en contient
» une autre...

» Je pense qu'il était fort inutile qu'on vous
» adressât des justifications qui ne peuvent

» être fondées que sur les torts de la personne » qui au contraire se croit en droit de se plain- » dre... Quel besoin de chercher à s'excuser, » de faire voir les choses sous un faux jour pour » se faire *ressortir?* Ne pouvait-elle pas se » tromper, cette *personne*, sur l'intention » qu'elle *supposait* par rapport à son voyage? » N'avait-elle pas assez prouvé jusqu'alors que » son cœur parlait et avait parlé avant la rai- » son? L'objection *à y aller* ne devait donc pas » venir d'elle, mais bien d'une tête froide qui » sait tout calculer de sang-froid.

» Si vous n'aviez pas lu vous-même, vous au- » riez pu être abusé; mais, grâce au ciel, vous » connaissez cette affaire; je ne crains rien » pour *mon amie*... Comme elle a été abusée!... » Voyez cependant ce que c'est que notre faible » nature...

» En lisant cette lettre, *elle* pleurait comme » un enfant : elle pensait que *peut-être* elle

» s'était laissé emporter trop loin par sa viva-
» cité, que peut-être elle ne le connaissait pas
» assez pour le bien juger... que sais-je moi...
» tant d'autres bêtises! Mais il est de fait qu'elle
» m'a assuré n'avoir pas fermé l'œil de la nuit.
» Son visage me l'a bien confirmé du reste. Il
» est aisé de voir tout ce que cette malheureuse
» petite tête a travaillé pendant la nuit. Je le
» conçois. Voyez vous-même quelles expres-
» sions! quelle chaleur! quel enthousiasme!...
» Il y a pourtant de ces choses qui ne s'effacent
» qu'avec beaucoup de temps de l'esprit... Dieu
» veuille qu'il y ait une exception à la règle!
» . . . .
» . . . . N'en
» parlons plus, car je m'aperçois que j'y prends
» plus d'intérêt que cela ne me convient. Ce
» soir je joue dans le troisième acte de *Romeo*
» *et Julietta*. »

On voit par cette lettre que le raccommodement entre les deux amants n'était pas éloigné.

Effectivement, peu de jours après qu'elle fut écrite, Bériot arriva à Londres et ils repartirent ensemble pour Paris.

A peine arrivée, Maria se sépara de madame Naldi et fut se loger à une petite maison qu'elle avait fait louer à la rue Blanche.

Elle s'était engagée avec les nouveaux directeurs Severini et Robert pour mille cent soixante-quinze francs par représentation.

XIX

Pendant le courant de la saison, Maria ne joua pas d'opéra nouveau, mais elle fut toujours applaudie avec de nouveaux transports dans ses anciens rôles, et pour renouveler en quelque façon le répertoire, on réunit dans les mêmes opéras Maria et mademoiselle Sontag.

Ainsi, *Semiramide*, *Romeo et Julietta*, *Tancredi*, vinrent offrir tour à tour au public de Paris des jouissances musicales qui ne se répéteront jamais pour lui.

Ces deux charmantes femmes, excitées l'une par l'autre, s'élevaient au-dessus d'elles-mêmes et devenaient ravissantes. Tels deux jeunes chevaux pur sang, excités à la course, se regardent, enflent leurs naseaux et partent avec la rapidité de l'éclair sans qu'aucun obstacle les arrête, telles ces deux jeunes et belles artistes faisaient des prodiges en présence l'une de l'autre.

Maria était continuellement en discussion sinon en querelle avec les directeurs du théâtre, qui tremblaient à chaque instant pour sa santé.

Aux fatigues qui résultaient des études incessantes auxquelles l'obligeait son état elle ajoutait les veilles et les plaisirs de la vie du monde, auxquels elle se donnait avec toute la véhémence de son imagination.

La danse, l'exercice à cheval, le chant même, elle usait de tout avec une fougue de volonté à nulle autre pareille.

Aux soins minutieux que les chanteurs donnent en général à leur santé elle opposait la vie la plus agitée.

Elle ne calculait jamais la portée de sa force. Toujours prête à prodiguer sa voix, son temps, sa peine, lorsqu'il s'agissait de rendre service ou de s'amuser, elle n'hésitait pas à sacrifier ses intérêts à l'idée de faire ce qui lui plaisait. Une fois entre autres, ayant promis de chanter chez moi, l'administration du théâtre vint à décider tout à coup qu'une représentation à bénéfice aurait lieu le même soir où elle devait remplir cet engagement.

Maria, après avoir essayé en vain de faire remettre le spectacle et de fort mauvaise humeur, dit à M. Robert : « C'est bon, je chanterai au théâtre, puisque c'est mon devoir ; mais après, j'irai chez madame Merlin, parce que c'est mon plaisir. »

Et le pauvre M. Robert, de supplier, de tempêter... Mais tout fut en vain. A une heure du matin, Maria, après avoir joué *Sémiramide*, parut dans mon salon, y chanta jusqu'à deux ou trois heures du matin, soupa ensuite, valsa et ne partit qu'au jour.

Elle ne se retirait pas toujours avec bonheur de ce jeu hardi, et souvent sa santé s'en ressentait, mais c'est alors qu'elle faisait des prodiges.

Ainsi, après avoir passé la nuit au bal, la veille d'un jour où elle devait jouer, elle se leva à midi, monta à cheval, partit à jeun et ne rentra qu'à six heures. A peine eut-elle dîné qu'elle fut obligée de se rendre au théâtre. Elle s'habilla à la hâte pour jouer le rôle d'Arsace ; mais agitée, fatiguée, à la suite d'un dîner précipité, ce pauvre Arsace, avec son beau casque déjà en tête et ses jolis cheveux bouclés, au moment de paraître sur la scène, perdit pied et s'évanouit... On ramena Maria dans sa loge et c'était à qui en aurait le plus de soin... Le malheureux directeur ne savait où donner de la tête ; on présentait à la patiente vingt flacons ouverts à la fois pour la faire revenir à la vie... Par malheur, il se trouva dans le nombre une coupe qui contenait une mixture d'huile et d'alcali, dont Maria faisait usage pour friction extérieure, lorsqu'elle souffrait de mal de gorge. Un officieux imprudent l'approche de ses lèvres, elle les applique... Un instant après, d'énormes cloches se forment sur la belle bouche !... Que faire?... Elle ne saurait plus se présenter sur sa scène... Changer le spectacle? il était trop tard... Comment s'y prendre?... « Attendez, dit Maria, qui était tout à fait revenue à elle, attendez, laissez-moi faire... » Et prenant une paire de ciseaux qui se trouvaient sous sa main, elle se place devant sa glace et fend d'un bout à l'autre, vitement et sans hésiter, la peau qui boursouflait ses lèvres... L'état dans lequel elles restèrent, on ne saurait le décrire. Mais Maria joua le rôle d'Arsace et chanta admirablement en face de *Semiramide-Sontag*.

Si, à la suite d'un excès de fatigue, Maria se trouvait dans la nécessité de chanter au théâtre, elle avait recours alors à de violents toniques. Cette circonstance donna lieu au bruit qui se répandit dans le public, qu'elle faisait un usage immodéré des liqueurs fortes. Le fait est que si elle en faisait parfois usage, ce n'était que comme une nécessité et nullement par goût, et lorsque, succombant sous le poids de la peine ou du travail, elle cherchait par la force de la volonté à soutenir cette nature grêle et nerveuse avec un verre de vin de Madère, elle aurait également avalé la coupe de fiel et de vinaigre si elle avait eu la conviction d'y trouver une nouvelle vie pour remplir ses engagements, de même qu'elle se fendit la peau délicate des lèvres, et que plus tard, pour satisfaire le public, elle chanta, mourante, pour la deuxième fois le duo d'*Andromico* sur le théâtre de Manchester; car si elle prodiguait ses forces pour satisfaire son amour pour l'indépendance et ses passions indomptables, elle était sublime de courage et d'abnégation pour accomplir les conditions de son état.

XX

Garcia, qui depuis quelques années avait quitté le théâtre, s'engagea aux Italiens pendant cette saison pour quelques représentations. Cette résolution causa le plus vif chagrin à Maria, mais elle n'osa pas la combattre. Garcia avait perdu une partie de sa voix. De ténor qu'il était il devint baryton et ne pouvait plus atteindre les parties de chant qui jadis avaient été faites pour lui.

Maria, qui savait d'une part combien la voix de son père, déjà fatiguée, était devenue chanceuse, et qui connaissait, d'un autre côté, son courage intrépide, qui ne reculait devant aucune difficulté, redoutait, non sans raison, que, trahi par ses moyens, il ne finît, au bout de sa carrière théâtrale, par ternir une réputation si brillante et si bien méritée. Mais c'est précisément lorsque la nature rebelle lui refusait son secours que Garcia se montra plus que jamais grand artiste. Un enrouement subit venait-il le saisir au moment de paraître sur la scène... « Cela ne fait rien, disait-il, laissez-moi faire!... » Et du haut de son talent et de sa volonté il disposait son rôle à l'état de sa voix, changeait les passages, transposait les chants et cabaletes à l'octave au-dessous, reprenant adroitement les notes écrites là où il les trouvait encore bonnes pour sa voix, et tout cela instantanément, avec une précision et une assurance admirables; comme Napoléon dans la campagne de 1814, il se montrait plus grand que jamais dans sa détresse : c'est que tout l'avait abandonné, hors son génie.

Voici une anecdote qui donnera la mesure du talent musical de Garcia. Il était engagé à Naples en même temps que la célèbre mademoiselle Colbran, aujourd'hui madame Rossini. On avait mis à l'étude un nouvel opéra qui déplaisait fort à Garcia.

Tous les jours il arrivait à la répétition, son rôle à la main, le lisait, puis le mettait dans sa poche, ne s'en occupait plus, et, le lendemain, il arrivait au théâtre, et de recommencer.

Enfin le jour de la répétition générale arrive, et Garcia paraît sur la scène encore avec son rôle à la main, et le récite sans pouvoir en dire un seul mot par cœur.

Mademoiselle Colbran, effrayée pour le succès de la pièce, lui dit : « Il est impossible, mon cher, que l'opéra soit joué demain, à moins que vous n'ayez l'intention de nous faire siffler... — N'ayez pas d'inquiétude, lui répond Garcia, *nous marcherons bien*... Vous savez tous vos rôles, n'est-ce pas?... — Certainement... — Eh bien! dit-il en se tournant vers le souffleur, tu ne t'occuperas que de moi, prononce bien mes paroles, et quant à la musique, je m'en charge. »

Bien loin d'être rassurée, la pauvre mademoiselle Colbran ne dormit pas de la nuit, et à peine vit-elle paraître Garcia sur la scène sans son rôle à la main, persuadée comme elle l'était qu'il n'en savait pas une note, qu'elle se mit à trembler, n'osant pas prévoir comment il pourrait s'en tirer... Mais, à sa grande surprise, elle entend Garcia chanter une fort jolie cavatine, puis un récitatif très-bien ordonné, et ainsi la suite du reste de l'opéra... Mais était-ce bien son rôle? Nullement. Il avait, dans les répétitions, compris par l'instrumentation la marche de l'harmonie dans l'accompagnement des divers morceaux qu'il devait chanter, et en s'y soumettant, avait improvisé complétement son rôle. J'ai entendu raconter ce trait à madame Rossini comme le tour de force le plus extraordinaire dont elle eût été témoin.

XXI

Maria choisit encore, à la fin de la saison, l'opéra d'*Otello* pour son bénéfice, mais, pour attirer plus de monde, elle eut la folle idée de jouer le rôle d'Otello. Elle en transposa donc la partie et ne produisit pas plus d'effet que madame Pasta lorsqu'elle fit le même essai à Londres.

Les formes arrondies et délicates d'une femme n'allaient pas au caractère mâle et farouche d'Otello, car il fallait que les gestes en fussent le reflet.

Le teint cuivré que Maria fut obligée de se donner, en grossissant ses traits, leur ajoutait une certaine bouffissure qui, non-seulement en altérait complétement la beauté, mais qui les rendait moins propres à ce jeu mobile de la physionomie, indispensable pour exprimer les fortes passions. D'ailleurs, si dans les parties de contralto on est parvenu à supporter les *hommes-femmes* sans les trouver ridicules, c'est qu'on n'a jamais vu remplir ces rôles auparavant par des hommes.

Elle retourna à Londres dans les premiers jours d'avril et recommença, comme l'année précédente et aux mêmes conditions, à jouer les opéras qu'elle venait de jouer à Paris, donna plusieurs concerts à Bristol, Bath et Manchester, et passa à Bruxelles, d'où, après s'être reposée quelques semaines, elle revint à Paris dans les derniers jours de septembre.

Mais de fréquentes indispositions vinrent l'effrayer, et avant de reparaître sur la scène elle repartit subitement pour Bruxelles, après avoir écrit une lettre au directeur Severini, en lui faisant part de ses craintes et de sa résolution.

Il est facile de concevoir la consternation du pauvre directeur, qui se trouvait, par cet événement, réduit à la nécessité de fermer le théâtre, Maria jouant dans presque tous les opéras en vogue, soit comme soprano, soit comme contralto.

L'administration tint conseil, et après avoir pesé plusieurs expédients, elle s'arrêta au seul moyen d'agir efficacement sur l'esprit de Maria, l'influence d'un ami. Le directeur pria M. Viardot, qui possédait toute sa confiance, de partir aussitôt pour Bruxelles, dans l'espoir qu'elle se rendrait à ses conseils.

M. Viardot la trouva assez tranquille et bien décidée à courir toutes les chances que son échappée pouvait lui attirer. Mais lorsque son ami lui représenta sous les plus vives couleurs les conséquences de sa démarche, tant envers l'administration qu'envers le public, et surtout ses propres torts en manquant ainsi à ses engagements vis-à-vis de l'une et de l'autre, Maria se leva de son siége et lui dit : « Vous avez raison... Je n'avais pas songé à tout cela... J'étais si malheureuse ! Allons, allons-nous en tout de suite, je vous suis. » Et le lendemain, elle était de retour à Paris.

Elle prit néanmoins de nouveaux arrangements avec l'administration, pour qu'il lui fût permis de se retirer avant la fin de la saison.

Mais à peine reparut-elle sur le théâtre que

des souffrances fréquentes et dont le caractère ne paraissait pas sérieux indisposèrent le public contre elle.

Souvent, quelques heures avant d'ouvrir le théâtre, on mettait une bande sur l'affiche pour annoncer que le spectacle était changé à cause d'une indisposition subite de madame Malibran, et comme le lendemain on la retrouvait bien portante, ces accidents étaient attribués à ses caprices et on la blâmait. Son humeur, déjà altérée par ses craintes et ses souffrances, se ressentait de cette sorte d'hostilité qu'elle était obligée d'affronter. Elle était triste et préoccupée. Un soir elle jouait le rôle d'Arsace. A peine eut-elle chanté sa première cavatine, que, se sentant mal à l'aise, elle rentra dans sa loge, s'y enferma et fit dire à travers la porte qu'elle était trop souffrante et ne pouvait plus reparaître sur le théâtre... En vain le directeur la supplia d'ouvrir, espérant la décider à continuer la pièce : elle refusa. Pendant cette négociation, le public s'impatientait, murmurait, piétinait. Ne sachant que faire dans une telle crise, le directeur songea encore à l'influence d'un ami. On savait combien ce moyen était efficace auprès d'elle. Robert ayant aperçu M. le marquis de Marmier dans sa loge, s'y rendit aussitôt et lui exposa le cruel embarras où ce qu'il appela le caprice de Maria les avait réduits, en le suppliant de venir à leur secours. M. de Marmier descendit aussitôt, et frappant à la porte de la chambre de Maria, se nomma. Après quelques moments de silence, on lui ouvrit, et la porte se referma aussitôt après lui...

Maria était à demi-couchée sur un canapé et presque entièrement déshabillée. A peine M. de Marmier eut-il jeté un premier coup d'œil sur elle qu'il comprit la cause de son indisposition. Maria, qui devina sa pensée, se mit à fondre en larmes, et se jetant avec violence par terre, elle s'écria : « Je suis perdue, vous me méprisez déjà, je le vois, comme bientôt le public me méprisera aussi. Je suis la plus misérable des femmes, car j'aimais la vertu, j'aimais la pureté!... » Et Maria se frappait la tête rudement contre le meuble qu'elle venait de quitter... M. de Marmier, attendri et embarrassé à la fois, tâcha de la consoler et reçut ses confidences avec toute l'indulgence d'un ami.

Le cœur plus soulagé, elle se rendit aux instances de son ami, s'habilla de nouveau, reparut sur la scène et continua son rôle. Mais, depuis ce jour, son âme fut abreuvée d'amertume. L'idée de déshonneur, de mépris, fermentait dans sa tête ; elle était honteuse d'elle-même, et pourtant se voyait réduite à se présenter partout pour exercer son état, affrontant ainsi la curiosité et la malignité du public.

XXII

Maria ne tarda pas à s'apercevoir d'un changement notable dans les dispositions de la société envers elle.

Plusieurs maisons où elle avait été reçue en amie ne voyaient plus en elle que l'artiste; d'autres personnes s'éloignaient entièrement d'elle. Son père ne voulut plus la revoir et lui ferma sa porte. Madame de Sparre, l'objet du culte de son cœur, cessa toute relation avec elle. Ce coup fut le plus sensible pour son cœur... Son talent, néanmoins, la couvrant comme un voile protecteur, semblait parfois cacher sa faute à tous les yeux et souvent même la faire oublier; mais elle ne pouvait se consoler de l'abandon de ses amis.

Dans cette position affligeante, quelques personnes lui conseillèrent de se rapprocher de M. Malibran, lui promettant, à cette condition, de la revoir comme par le passé... « Moi, cacher ma faute au prix d'une bassesse et d'une mauvaise action ! Oh ! non, mieux vaut le déshonneur selon le monde... Eh bien, mieux vaut souffrir ! »

Un soir, elle vint chez moi. On y faisait de la musique. Au moment de se mettre au piano pour chanter le duo de *Semiramide : Eh ben a tè ferisce*, elle aperçut son amie qui entrait dans le salon... Elle pâlit, ses yeux se couvrirent de larmes, et fixant sur moi un regard indéfinissable de tendresse et de douleur... « Pas un coup d'œil, pas une légère inclination de tête!... Mais c'est comme si elle ne m'avait jamais connue !... Quel mépris ! je souffre trop !...» Et ses larmes de couler... « Allons, Maria, courage ! lui dis-je... Qu'as-tu fait de ton âme ? Viens, viens, j'arrangerai tout après le concert. » Ces dernières paroles la calmèrent un peu, et ses yeux encore mouillés, le visage empreint des traces de ses larmes, elle me suivit et chanta le duo d'une manière admirable. Jamais elle n'avait été aussi belle d'expression.

Après le concert, je parlai à son amie; il y eut un échange de quelques paroles entre elles, et les choses en restèrent où elles en étaient auparavant.

L'altération de sa santé, la honte que lui causait sa position, et la nécessité où elle se voyait réduite de surmonter l'une et l'autre en se présentant chaque jour devant le public, la rendaient si malheureuse qu'elle était vraiment digne de pitié. Livrée aussi au plus violent chagrin, souffrante et presque dégoûtée de son art, elle ne pouvait plus relever son courage qu'en s'occupant avec ardeur d'activer la conclusion de son procès.

Ce n'était pas une séparation, mais un divorce qu'il lui fallait maintenant. Mais bien que M. Malibran fût d'accord à cette époque pour faire naître les incidents que la loi pouvait exiger, le divorce était devenu presque impossible en France, et l'affaire ne pouvait pas se juger aux États-Unis, Maria n'ayant pas été mariée d'après les lois du pays.

Après bien des consultations, voici le système sur lequel elle appuya sa demande et dont elle dut l'idée première, non pas à un homme de loi, mais à un ami, au général Lafayette, qui, touché de l'état de Maria, lui vouait une grande partie de son temps, soit en fouillant dans les archives des lois américaines et françaises, soit en prenant part aux conseils et consultations qu'exigeait le procès.

M. Malibran était né Français, mais depuis longtemps il avait quitté sa patrie pour aller s'établir en Amérique : il s'y était même fait naturaliser. L'acte qui le déclarait citoyen des États-Unis portait en même temps qu'il avait renoncé à sa qualité de Français. Mademoiselle Garcia était fille de M. Garcia, artiste d'origine espagnole, qui ne s'était jamais fait naturaliser en France. Sa fille, quoique née en France, était donc Espagnole, puisque son père était Espagnol. Ainsi, en fait, deux étrangers, un Américain et une Espagnole, s'étaient présentés devant le consul de France pour être mariés, et le consul avait pensé qu'il avait qualité d'officier d'état civil, même à l'égard de ces deux étrangers, et les avait mariés.

Le mariage devait donc être nul. Mais les tribunaux français étaient-ils compétents pour juger dans une affaire dont les intéressés étaient étrangers tous deux? Oui, parce que M. et madame Malibran étaient tous deux rentrés en France, et que le premier, en déclarant au gouvernement son intention d'y fixer son domicile, avait demandé qu'on lui accordât la jouissance des droits civils. La compétence des tribunaux français fut donc reconnue, et le procès commença. Mais laissons à la justice entreprendre sa marche éternellement lente, et revenons à la pauvre Maria.

Au milieu de cette époque de détresse, un beau jour luit à ses yeux. Garcia, mû par un sentiment de commisération paternelle, se réconcilia avec elle... La pauvre créature était hors d'elle-même, tant la joie que lui causait cet événement était inespérée. Elle m'écrivit le même jour une lettre que je conserve encore et dont le style porte un cachet de désordre et d'originalité. Je lui avais écrit en l'engageant à venir faire de la musique chez moi et la félicitant d'avoir fait la paix avec sa famille.

« C'est avec le plus grand plaisir que je vous
» promets d'aller chez vous ce soir... Je suis si
» heureuse! Tout me réussit depuis hier, et
» cette réconciliation est d'un bon augure pour
» tout le reste... J'étais sûre qu'une bonne
» amie comme vous ne pouvait qu'être enchan-
» tée de ce qui vient de se passer. Aussitôt
» qu'*il* sera rentré, je lui ferai voir votre
» lettre toute gracieuse pour moi et pour lui,
» et je suis sûre qu'il fera faire trente-six po-
» ches, pour mettre trente-six violons, s'il les
» avait, et vous les porter, avec toute sa bonne
» volonté.

» Adieu, je vous embrasse de tout mon cœur.
» Je tâcherai d'être chez vous un peu après neuf
» heures du soir, ou avant si faire se peut.

Maria, *que sus bellos y dulces carrillos besa con amor y respeto* (1).

(1) Qui baise ces belles et douces joues avec amour et respect.

XXIII

Le général Mina, ami de la famille de Garcia, contribua puissamment au raccommodement du père et de la fille ; mais malgré cet éclair de bonheur, Maria était bien loin de jouir de cette sérénité indispensable à l'occupation exclusive de son art.

Le public, de son côté, si prompt à se lasser

d'admirer, et dont les plaisirs sont si près de la satiété, devint injuste, et, soumettant les mobiles puissants qui l'émouvaient en elle au scalpel glacé de l'analyse, finit par écouter comme un corps sans âme les accents touchants de la grande artiste qu'il était à la veille de perdre pour toujours. Maria se dégoûta alors complétement du séjour de Paris, et, pressée en même temps par la gravité de sa position, se décida à quitter le théâtre avant la fin de la saison.

Mais son énergie naturelle se réveilla dans les derniers moments, et son âme, comme celle de Byron, en touchant terre, rebondit et s'éleva plus haut.

Le 8 janvier, elle donna *Otello* pour sa représentation d'adieu.

Rien ne saurait être comparé à son jeu sublime, à l'accent touchant de sa voix... L'auditoire, électrisé, revint à elle avec amour, avec remords peut-être, mais il n'était plus temps... Comme un beau cygne, les ailes déjà déployées, Maria fit ses derniers adieux au public parisien et s'envola pour toujours!...

Elle partit pour Bruxelles, le lendemain, avec un domestique et sa femme de chambre.

Mais à peine fut-elle arrivée à Bruxelles, qu'elle descendit de sa chaise de poste, remonta dans une voiture de place où l'attendait Bériot, se déguisa, au moyen d'un tour de cheveux blonds et d'une grande coiffe, pour ne pas être reconnue, rentra à Paris, alla se loger à l'extrémité de la rue des Martyrs, dans une petite maison isolée, et y resta secrètement pendant deux mois. Aussitôt après ses couches, elle repartit pour Bruxelles.

Là, enivrée d'amour, elle savoura avec délices, pendant quelques mois, ce charme ravissant de la vie intime à deux, qu'elle avait payé déjà si cher.

En sortant de Paris, elle fit le serment solennel de ne plus y chanter en public que mariée à Bériot... serment qu'elle aurait accompli si la destinée, plus forte que la volonté des hommes, n'en eût décidé autrement. A cette époque, Maria avait déjà, tous frais d'entretien faits, plus de six cent mille francs; elle avait chanté trois saisons à Paris et deux à Londres.

Vers le milieu du mois de juillet, Lablache, venant de Londres pour aller à Naples, passa par Bruxelles; le hasard lui apprit que Maria s'y trouvait, et, bien qu'il fût obligé de partir dans les vingt-quatre heures, il alla la voir. Il était huit heures du soir. Maria le reçut avec toute la joie d'une amitié sincère : elle s'informa du but de son voyage, et lorsque Lablache lui apprit son projet de passer en Italie, Maria lui dit :

« Et pourquoi n'en ferais-je pas autant? Je n'ai point d'engagement ailleurs... Oui, je partirai avec vous.

» — Mais alors vous viendrez me rejoindre, car je suis obligé de quitter Bruxelles demain à la pointe du jour...

» — N'importe, je serai bientôt prête. »

Lablache crut qu'elle plaisantait. On parla d'autres choses, et quelques instants après, il prit congé d'elle. Le lendemain, à cinq heures, il n'était pas encore levé lorsqu'il entendit une chaise de poste qui s'arrêtait à la porte, et un moment après on frappe chez lui. Il saute de son lit à la hâte, croyant qu'on venait l'avertir que sa voiture était avançée, lorsque la douce voix de Maria arriva à ses oreilles en lui disant: « C'est moi, je suis prête et vous attends pour partir. »

L'étonnement de ce bon Lablache fut extrême. Comment, dans quelques heures de nuit, avait-elle pu organiser son départ, trouver une voiture et régler ses affaires pour entreprendre un aussi long voyage? Mais Maria ne connaissait pas d'obstacles lorsqu'elle avait un désir à satisfaire, puis elle aimait les surprises comme un enfant, et c'était un vrai plaisir pour elle de se trouver en face d'elle-même et des autres à la suite d'un événement subit qu'elle avait provoqué, ou d'une démarche prompte et hardie dont elle avait tout le mérite.

Arrivée à la frontière d'Italie, on l'arrêta, et alors seulement elle s'aperçut qu'elle n'avait pas de passe-port, et fut obligée de rester quelques jours dans un village de la frontière, en attendant que Lablache, qui continua son voyage, arrivât à Milan et eût obtenu pour elle l'autorisation d'entrer en Lombardie, racontant toutefois par quelle étourderie elle avait omis de se mettre en règle.

Elle ne s'arrêta pas à Milan et continua son voyage jusqu'à Rome, où elle s'engagea pour quatre représentations, mais elle n'y fut pas appréciée comme elle le méritait, parce qu'elle s'avisa de chanter des romances françaises dans la scène de la leçon du deuxième acte du *Barbier de Séville*, et que le public de Rome prit cette nouveauté pour une mauvaise plaisanterie et eut la susceptibilité de s'en offenser.

XXIV

Pendant son séjour à Rome, Maria apprit la fâcheuse nouvelle de la mort de son père. Elle éprouva un très-vif chagrin et fut malade pendant quelques jours de ces attaques de nerfs auxquelles elle était sujette, et qui avaient cessé pendant quelque temps (1).

(1) Voir à la fin du deuxième volume la lettre qu'elle écrivit à ce sujet à M. Viardot.

Étant encore à Rome, elle signa un engagement avec le directeur Barbaja pour donner douze représentations à Naples, à mille francs par représentation, et partit aussitôt; mais à peine y fut-elle arrivée qu'un débat fort vif s'établit entre elle et madame Ronzi De Begnis, alors prima donna au théâtre Saint-Charles. Maria avait mis pour condition dans son contrat qu'elle débuterait par le rôle de Desdemona, dont madame de Begnis avait eu jusqu'alors la possession. Elle voulut, sans égard pour le droit de Maria, conserver ce rôle, et fut soutenue par de hautes protections; mais enfin Maria triompha et débuta dans *Otello,* le 6 août 1832, au *Fondo,* théâtre secondaire, où elle chanta dix fois sur les douze pour lesquelles elle s'était engagée.

Barbaja, qui avait la direction des deux théâtres, en bon entrepreneur, avait calculé que le théâtre Saint-Charles, étant entièrement loué à l'année, n'avait pas besoin de nouveautés pour attirer du monde, au lieu que la présence de Maria au *Fondo* lui assurait d'excellentes recettes.

Le succès qu'elle obtint à son début fut immense et alla toujours en augmentant, depuis la cavatine de *dona Caritea*, qu'elle avait intercalée dans *Otello* et chantée lorsqu'elle paraissait pour la première fois sur la scène, jusqu'à la catastrophe, qu'elle jouait d'une manière toute nouvelle, et dont même mademoiselle Colbran, actrice si vraie et si tragique, n'avait pas songé à tirer parti.

Le public napolitain, habitué jusqu'alors à voir cette scène en partie supprimée, fut tout surpris en présence des angoisses d'une femme qui un moment après avoir, dans son désespoir, provoqué la mort, en a peur ensuite et cherche à la fuir par toutes les issues. La manière dont Maria jouait cette scène n'était peut-être pas toujours convenable, mais elle était d'une admirable vérité.

Je me rappelle qu'un jour où on lui conseillait devant moi de ne pas tant courir pour fuir Otello lorsqu'il la cherche pour la tuer, elle répondit : « Vous avez raison, ce *n'est pas beau*, mais une fois que je suis à mon rôle, je ne songe plus à l'effet que je produis... Dans ce moment j'ai peur, véritablement peur, et j'agis comme je le ferais si j'étais poursuivie par un assassin. »

J'ai vu un jour Donzelli, le plus pacifique des hommes, fort en colère contre elle. Ne pouvant pas parvenir à la faire convenir d'avance de la manière dont elle se laisserait prendre pour être tuée, il se trouvait toujours dans le plus grand embarras pour l'attraper. Enfin un soir elle fit si bien que ce pauvre Donzelli tomba à plat, avant de l'atteindre, et se blessa légèrement avec le poignard qu'il avait à la main. Mais revenons au début de Maria.

La foule était si grande ce soir au théâtre du

Fondo que les ambassadeurs de Russie et d'Autriche, les comtes de Stackelberg et Lebzellern, n'ayant pas pu trouver de loge, avaient été se réfugier au quatrième rang, en face du lustre, qu'ils obtinrent, par grâce spéciale, de faire remonter pour ce soir-là. Peu de jours après, Maria joua la *Cenerentola,* où elle ne produisit pas autant d'effet; mais elle fut applaudie pourtant avec transport lorsqu'elle chanta les variations de la fin. A quelque temps de là elle écarta la *Cenerentola* de son répertoire. La *Gazza* vint ensuite lui procurer de nouveaux triomphes; cependant les Napolitains trouvèrent son jeu trop tragique dans la scène du quintetto, et peut-être n'eurent-ils pas tort : elle oubliait un peu dans ce moment que Ninetta n'était qu'une jeune paysanne, et que, même dans sa plus grande douleur, elle devait conserver toute la simplicité de ses habitudes.

La règle exige, à Naples, que la nouvelle actrice, avant de paraître devant le public, soit présentée au roi et lui demande la grâce d'assister à son début. La veille de sa première apparition sur la scène, Maria alla voir S. M., qui la reçut de la manière la plus gracieuse... « Sire, lui dit-elle, je viens demander à V. M... la grâce de... si cela est égal à V. M., de... ne pas venir demain au théâtre ! » Le roi, fort surpris, lui répondit : « Et pourquoi? Je croyais que vous veniez me demander d'y aller...

» — Mais, sire, c'est que j'ai appris qu'à Naples, lorsque V. M. est au théâtre, on n'applaudit pas, si V. M. ne donne pas l'exemple, et je crains qu'elle ne l'oublie... »

Le roi se mit à rire et la rassura là-dessus ; mais voyant que Maria hésitait encore, il l'encouragea à s'expliquer...

« Sire, puisque V. M. le permet, je lui dirai encore quelque chose... C'est que j'ai l'habitude d'être encouragée par le public, tout de suite, en paraissant sur la scène, au point que si je ne m'entends pas applaudir avant que de commencer, je ne fais plus rien de bien !...

» — C'est bon, lui dit le roi, je vous applaudirai aussitôt que vous entrerez en scène. »

Maria partit fort contente de la réception du roi. Le soir, lorsqu'elle attendait entre les deux coulisses le moment de paraître, elle regarda la loge de S. M., qui se trouvait en face d'elle, et aperçut l'œil du roi qui plongeait sur elle... Aussitôt Maria, élevant ses deux mains vers lui, se mit à faire semblant d'applaudir, pour lui rappeler sa promesse. Cela lui réussit à merveille, car le roi, charmé de tant d'originalité et de grâce, donna aussitôt le signal, et toute la salle y répondit avec acclamation.

Le 7 septembre, au théâtre Saint-Charles, elle joua Rosina dans *Il Barbiere di Siviglia*, et Romeo dans le troisième acte de *Romeo e Giu-*

lietta de Zingarelli. Maria fut admirée avec enthousiasme par la manière dont elle joua le rôle de Roméo, mais l'opéra fut froidement reçu par le public, peu amateur en Italie de l'ancienne musique, et qui n'est pas aussi patient que nous, il s'en faut de beaucoup, pour supporter l'éternelle répétition des mêmes opéras pendant dix années consécutives. Les théâtres ayant été fermés pendant la neuvaine de saint Janvier (du 20 au 27 septembre), Maria profita de sa liberté et partit pour Rome, où elle donna deux ou trois représentations, et retourna de suite à Naples, où elle avait à remplir le reste de son engagement.

Elle ne fut pas aussi bien accueillie par la société de Naples qu'elle l'avait été par celle de Paris et de Londres. En général, en Italie, les artistes vivent plus éloignés des salons que partout ailleurs, parce qu'on n'y donne pas de concerts et qu'ainsi on y trouve rarement l'occasion de les voir. Maria, si sensible aux distinctions qu'on accordait à sa personne, offrait souvent au fond de son cœur un sentiment de regret à cette France, théâtre où se développèrent ses premières affections et les premières jouissances de son amour-propre.

Au milieu de ses pénibles occupations, elle était, comme à Paris, ardente au plaisir. Le beau ciel, le Vésuve, la mer et cet admirable entourage, qui, comme la ceinture magique de Vénus, enveloppe la ville de Naples, ravissaient Maria.

Cette âme si active, si sensible à toutes les beautés de l'art et de la nature, ne pouvait se rassasier de contemplation, d'essais périlleux, de jouissances nouvelles. Ainsi, on la voyait à cheval, parcourant rapidement la route de Portici au bord de la mer, tantôt s'aventurant dans le chemin peu sûr de Resina ou près des crevasses du Vésuve; une autre fois s'égarant dans les bois épais de la montagne des Camaldules, ou dans le voisinage des marais du lac d'Agnano, et toujours la première là où il y avait du danger. Souvent, elle se promenait en chaloupe sur la mer et livrait sa voix à des inspirations sublimes; quelquefois, dans des moments de folle gaieté, il lui passait dans l'esprit le vague désir de se baigner : aussitôt elle se déshabillait et se jetait dans la mer, recevant d'aplomb sur la tête les rayons du soleil ardent de midi. En ce temps-là, elle était de nouveau enceinte, mais son état ne changeait en rien sa manière de vivre.

Après avoir joué trois ou quatre fois encore en dehors de son contrat, il fut question d'en signer un nouveau pour la saison suivante, mais Barbaja ne voulut rien ajouter au prix de mille francs convenu dans le premier engagement, et Maria signa un contrat avec l'entrepreneur de Bologne, Azzolini, qui était venu exprès à Naples pour l'engager. Bien qu'ayant été fort admirée par le public de Naples, Maria ne se plaisait pas dans cette ville, à cause des intrigues de coulisses et des amères jalousies qu'elle y réveilla.

XXV

Le roi de Naples, qui l'avait si bien reçue d'abord cessa de la traiter avec le même intérêt et l'oubliait souvent lorsqu'il était au théâtre. Alors, le parterre, obligé de contenir son enthousiasme, devenait silencieux comme le réfectoire d'une chartreuse, et la pauvre Maria, si impressionnable, si habituellement choyée, gâtée et applaudie, se décourageait et s'inquiétait d'elle-même. Voici ce qu'elle m'écrivait quelques jours avant de quitter Naples :

« J'ai bien réussi ici, mais je ne m'y plais
» pas. J'ai des raisons pour penser qu'on m'ap-
» précie, mais on ne m'applaudit pas au théâ-
» tre, et cela me manque, comme le feu qui
» est la vie... Peut-on chanter sans cela ?...
» Mais on dirait qu'ils sont sourds... Et cela
» pourquoi ?... Parce que je chante mal ?... Pas
» du tout. C'est tout simplement parce que je
» suis trop maigre... Me comprenez-vous ?...
» Non... Eh bien, tant pis, car je ne vous en
» dirai pas davantage. »

Le mot de l'énigme était que, si le roi n'applaudissait jamais Maria, c'était parce qu'il protégeait madame De Begnis, jolie chanteuse, mais fort grasse... Et plus loin, elle ajoutait dans la même lettre :

« Je regrette beaucoup Paris, mais je n'y re-
» tournerai que mariée à Bériot, non pas à
» cause du public, toujours disposé à pardon-
» ner à ceux qui l'amusent, mais à cause de
» mes parents et de mes amis, etc., etc. »

Maria se rendit, vers le milieu du mois d'octobre, à Bologne, où elle obtint un immense succès dans *Romeo et Julietta* de Bellini, dans *Otello* et dans *Tancredi*.

Bologne est une des plus agréables villes d'Italie. C'est peut-être la seule où il y ait des réunions dans la haute société du pays : partout ailleurs, hors les salons diplomatiques, les étrangers pénètrent rarement dans l'intérieur des familles. Mais soit que la position politique secondaire de Bologne permette à ses habitants une certaine liberté dans leurs rapports avec les étrangers qui est refusée à d'autres villes, soit que leur amour exclusif des arts les rende plus sociacles, il est incontestable qu'on trouve dans les Bolonais la plus franche et la plus douce hospitalité d'Italie (1).

L'âme de Maria, si fertile en inspirations nouvelles, avait fait de la dernière scène des *Capuletti* une scène sublime. Lorsqu'elle (Romeo) s'approchait du lit de mort de Julietta, elle tournait du côté opposé au devant du théâtre, pour donner le temps à celle-ci d'en sortir, et lorsqu'elle se baissait sur le lit pour la chercher, et qu'elle ne la trouvait plus, après avoir allongé ses bras pour la chercher avec une terreur inconcevable, elle levait les yeux et l'apercevait en face d'elle. Alors au lieu de venir à Julietta avec précipitation, en s'écriant : Julietta! elle en approchait en silence, lui palpait

(1) Je me plais, tout en rendant justice aux Bolonais, à leur offrir un tribut de reconnaissance pour l'accueil gracieux que je leur ai dû lors de mon passage dans leur ville, notamment au marquis et à la marquise de Zampieri, de qui la noble et affectueuse hospitalité contribua tant à me faire apprécier tout ce que Bologne renferme de distingué et de précieux.

la tête, touchait alternativement ses bras, ses épaules, son cou, ses yeux, puis tout à coup, d'une voix étouffée, saccadée, basse et parlante, qui partait du fond de l'âme, elle prononçait... Julietta !... Ce mot était d'un effet magique sur les spectateurs; un frisson glacial se répandait déjà sur chacun, avant qu'elle le prononçât, et plusieurs fois, à Bologne, on fut obligé d'emporter du théâtre des femmes qui ne pouvaient l'entendre sans se trouver mal.

Après avoir joué la *Sonnambula*, elle fut appelée deux fois sur le théâtre, et les sérénades qu'on lui donna se prolongèrent jusqu'au jour; et cela recommença tous les soirs tant qu'elle resta à Bologne.

De cette ville elle devait se rendre à Milan où l'appelait, le 12 décembre, un engagement de six représentations, mais sa grossesse était trop avancée, et, après avoir fait en vain bien des démarches pour rompre son contrat, elle se vit menacée d'être arrêtée et conduite de brigade en brigade jusqu'à Milan. Elle partit donc précipitamment et en secret de Bologne, évitant les États autrichiens, et, après un voyage fort pénible, arriva à Bruxelles, où elle accoucha de son deuxième enfant, le mois de janvier 1833.

XXVI

A peine relevée de ses couches , Maria se rendit à Londres. Mais aussitôt son arrivée, elle fut atteinte d'un violent mal de gorge qui fit craindre la perte de sa voix , au moins pour longtemps. Heureusement, elle en fut miraculeusement guérie au moyen de l'homœopathie employée par le docteur Bellomini , et elle ne tarda pas à débuter en anglais au théâtre de *Drury-Lane*, où un brillant engagement de 150 guinées par représentation l'attachait pour la saison.

Elle reparut la première fois dans la *Somnambule*, qui avait été traduite exprès pour elle, et y produisit la plus profonde sensation. Sa méthode admirable, appliquée à la langue anglaise, était une nouveauté qui fut appréciée à sa juste valeur. Sa prononciation nette et ferme à la fois, au lieu de nuire à sa manière, lui donnait un accent tout particulier et inconnu jusqu'alors sur la scène anglaise.

Après la *Somnambule*, elle joua un vieil opéra, *the Devil's Bride,* qui fut suivi d'un opéra nouveau de Chelard. On aura de la peine à croire qu'au milieu du travail constant qu'exigeaient le jeu et le chant d'opéras si en dehors de tout ce qu'elle avait appris jusqu'alors, et de plus dans une langue étrangère, Maria eut encore le temps de chanter dans deux ou trois concerts par jour, soit dans les salons, soit au *King's-Theatre*, et comme les concerts d'artistes n'avaient guère lieu que les jours de repos des Italiens, et que c'était précisément ceux-là où on jouait au théâtre de *Drury-Lane*, Maria arrivait dans le monde pour chanter, après avoir travaillé toute la soirée, et ne se couchait que vers le jour. A peine eut-elle accompli son engagement qu'elle se mit en route et parcourut une partie de l'Angleterre, chanta à un grand nombre de *meetings* et *festivals*, et retourna à Bruxelles avec près de deux cent mille francs pour prix de son travail.

De nouveaux engagements l'appelèrent bientôt en Italie, et après quelques semaines de repos elle partit de Bruxelles, le 8 novembre 1833, pour Naples. Elle reparut dans *Otello* le 14 novembre, mais une circonstance particulière paralysa en partie le succès de son nouveau début. Chacun sait combien les Napolitains redoutent la *cattiva sorte* et combien est grande l'influence qu'ils attribuent à ce malin génie qu'ils croient voir tantôt déguisé sous la forme d'un bœuf, tantôt niché dans la prunelle des yeux d'une jolie femme, ou sous la perruque d'un docteur, dans le nuage qui couvre le soleil un vendredi, ou même sur le duvet de la feuille humide et glissante. Cette croyance, sorte de métempsycose, anime à leurs yeux d'une nouvelle vie la nature, et les fait jouir ou souffrir à leur tour d'une nouvelle et mystérieuse sensation.

Or, le 14 novembre était un jour de grand gala à Naples, et on annonça *Otello* pour le début de Maria; mais on lisait sur l'affiche : *E per non funestar una cosi lieta ricorrenza, il terzo atto non sarà rappresentato.* De sorte que Maria n'eut pas cette brillante ovation qu'elle avait droit d'attendre par son jeu pathétique et touchant dans l'acte troisième. Elle joua ensuite la *Prova* et la *Gazza ladra;* mais elle fut accueillie avec moins d'enthousiasme qu'elle ne l'avait été sur la scène *del Fundo*. Les abonnés du théâtre Saint-Charles lui gardaient un peu rancune, et à tort, de leur avoir préféré le second théâtre. Maria, en cela, n'avait fait que se soumettre aux convenances de l'entrepreneur. Paccini venait de composer un opéra pour elle, *Irene*. Il fut joué le 30 novembre et tomba à plat. Un duo chanté avec mademoiselle Garcia, sa sœur, et une belle scène finale où Maria était admirable, ne suffirent pas pour sauver l'opéra qui fit naufrage. Le 8 décembre, elle joua *Semiramide*, mais elle ne réussit pas complétement, et quelque jours après, malgré toute la supériorité de son jeu, malgré la manière sublime dont elle chanta, elle fut accueillie froidement dans les *Capuletti*.

Les abonnés de Saint-Charles avaient de la peine à oublier leur premier mécompte : d'ailleurs, enthousiastes de la musique de Bellini, ils furent blessés d'entendre plusieurs morceaux de Mercadante et de Vaccai intercalés par Maria dans un opéra de ce grand maître. Mais quel fut le mécontentement du public lorsqu'il aperçut au loin un enterrement dans toutes les formes qui passait au fond du théâtre, et le corps mort de Julietta, entouré de prêtres et de torches et accompagné par un chant funèbre!... Choqué, d'une part, dans ses idées religieuses, et, de l'autre, effrayé du *cattivo augurio*, il éclata en murmures. Aux murmures succédèrent des signes plus énergiques d'improbation, et la fin de la pièce coûta plus d'une larme à Maria, si impressionnable et si peu habituée aux mécomptes. Malheureusement, son talent fut livré à une triste série d'opéras médiocres.

Le 19 janvier 1834, elle joua un nouvel ouvrage de Coccia fait exprès pour elle : *la Figlia del aria*, opéra dont la vie fut si fugitive qu'il ne put pas atteindre la troisième représentation.

Le 25, Maria joua le rôle de Fidalma dans le

Matrimonio secreto, et fut très-applaudie ; mais les abonnés de Saint-Charles, toujours sévères et intraitables, furent aussi choqués qu'irrités de voir la grande artiste défigurée sous les rides d'une vieille édentée.

Pour se consoler de la rude dépendance théâtrale, Maria avait recommencé, avec plus d'activité que jamais, ses courses vagabondes. Elle allait oublier l'injustice du public en face du ciel, et passait souvent des heures entières, comme une enfant, à ramasser des coquilles aux brillantes couleurs, ou à sauter, comme un jeune chevrier, de rocher en rocher. Un soir, elle revenait au Pausilippe par mer, de la Villa-Barbaja, où elle avait été dîner, accomgnée de quelques amis...

Qui a été à Naples et ne connaît pas ces rochers à fleur d'eau qu'on aperçoit au tournant du petit pont qui joint le château de l'OEuf au *Chiatamona*, ces rochers où se reposent les pêcheurs, enivrés de *canolicchi* et d'oursins ?... Eh bien ! lorsque la chaloupe qui portait Maria, glissant doucement sur la mer bleue et calme, s'approcha des rochers, il vint à Maria la fantaisie de sauter sur un des derniers rochers, et, appelant le plus grave de la compagnie, M. Corrau aîné, elle l'invita à la suivre et sauta aussitôt sur le rocher. Mais à peine y fut-elle avec lui que le reste de la société trouva fort plaisant d'ordonner à celui qui conduisait le gouvernail de s'éloigner de l'éclat sur lequel les pieds de Maria et ceux de son ami tenaient à peine. Mais elle ne fut pas longtemps à prendre son parti, et, s'élançant sur le rocher voisin, elle continua sa route de rocher en rocher, glissant sur les algues marines et bondissant de nouveau, jusqu'à ce qu'elle eût gagné enfin la terre ferme, c'est-à-dire la ligne de lave qui s'étend jusqu'à l'embarcadère du lac *Zolfegna*, se tenant à grand'peine en équilibre et passant les intervales à gué, l'eau jusqu'à la ceinture.

Le 3 février 1834, elle joua la *Sonnambula,* et, le 23, la *Norma.* Dans les deux rôles, elle excita l'enthousiasme du public au plus haut degré. Dans ce dernier opéra surtout, elle avait des mouvements sublimes : ainsi, lorsque dans le trio de la fin du premier acte, elle disait à Pollion : *Prendila!* au lieu de lui indiquer de la main Adalgisa, comme fait la Grisi, qui du reste a si bien compris ce rôle, Maria prenait le bras de sa rivale avec une sorte d'emportement convulsif et la jetait avec violence vers Pollion..... Son action était, dans ce moment, d'un effet effrayant..... C'était bien la druidesse sauvage et altière, prête à boire le sang de son amant infidèle, après avoir assassiné ses enfants.

XXVII

Maria, après avoir joué *Norma*, partit de Naples le 13 mars, toute rayonnante de gloire et couronnée de fleurs par le public napolitain. A son arrivée à Milan, elle eut à lutter contre un parti formé des admirateurs de la Pasta; mais à peine Maria parut dans la *Norma* qu'elle fut proclamée *la cantante per eccelenza*. Actrice inspirée et sublime, son talent, l'œuvre de la nature et non de l'art, contrastait en tout avec celui de la Pasta, qui, toujours noble et convenable, manquait pourtant de cet imprévu qui faisait le charme principal du talent de Maria. Dans l'une tout était combiné d'avance pour produire de l'effet; l'autre se laissait toujours dominer par l'impression du moment. Ainsi, l'une ne s'écartait jamais des bornes prescrites par les règles de l'art et du bon goût, et comprenait ses rôles noblement; mais, une fois qu'elle les avait *établis*, elle les jouait la veille comme le lendemain; tandis que Maria, toujours dominée par ses sensations, s'identifiait d'abord avec le caractère ou les passions qu'elle avait à exprimer, et agissait ensuite selon son inspiration, sans songer au public ni à la distance qui l'en séparait, oubliant l'effet de ses poses et de ses gestes, comme elle s'oubliait elle-même; d'où il résultait qu'elle n'était pas toujours *convenable*, mais qu'elle était souvent sublime et toujours imprévue et variée dans ses inspirations.

Elle joua vingt fois à Milan, et obtint un succès immense. Avant de partir, elle signa un engagement des plus brillants avec le duc Visconti, directeur de la Scala... Mais, hélas! qui saurait prévoir les coups imprévus du destin!... Dans le courant du mois d'avril, Maria partit pour l'Angleterre, et à peine eut-elle fini ses courses et ses concerts, qu'elle repartit comme un trait pour se rendre à la foire de Sinigaglia, où elle s'était engagée avec le directeur Azzolini pour jouer quinze fois, du 15 juillet au 11 août.

En passant devant le château d'Ancy-le-Franc, Maria eut la fantaisie de s'arrêter pour voir le parc. Il était six heures du matin; l'aimable propriétaire, M. le marquis de Louvois, déjà levé et parcourant ses allées, aperçut à une certaine distance deux jeunes gens en blouse: le plus petit des deux se sauva, c'était Maria; l'autre resta, c'était son compagnon de voyage. M. de Louvois, qui connaissait déjà Bériot, le pria de le présenter à sa compagne; elle fut charmante

20.

pour lui, mais malgré ses instances réitérées, malgré la bonne grâce de son hôte en lui offrant l'hospitalité, Maria ne put l'accepter, et l'engagea, à son tour, à venir l'entendre, à la fin de l'année, à Naples. Elle continua son voyage et arriva à Sinigaglia, sur le siége de sa voiture, conduisant les chevaux elle-même, par une chaleur de 29 degrés. A peine fut-elle descendue que, malgré les représentations de Bériot et pendant qu'on lui préparait à dîner, elle s'achemina vers le bord de la mer et s'y plongea. Elle en sortit, comme il est aisé de se l'imaginer, avec la peau brûlée, les yeux enflammés, et, de plus, avec une extinction de voix. Comme elle se sentait fatiguée à l'excès, elle se persuada que la faiblesse était cause de cet accident et se mit à boire du vin de Champagne et à faire usage de toniques, ce qui empira le mal au point de lui faire craindre pendant quelques jours de se voir dans l'impossibilité de remplir ses engagements. L'entrepreneur, désolé, consterné, ne se découragea pourtant pas, et, en attendant le rétablissement de Maria, fit jouer une sorte de *seconda prima donna,* qui, tant bien que mal, se tira d'affaire. Bientôt la charmante étourdie retrouva sa voix et fut applaudie avec *furore* dans la *Sonnambula* et la *Norma*. Un soir, un jeune mendiant s'arrêta sous la fenêtre de Maria et se mit à chanter en lui demandant l'aumône. Maria, frappée de la beauté de sa voix, le fit monter chez elle, l'interrogea sur sa famille et sur son âge, et, après l'avoir secouru, le mit le lendemain sous la direction d'un bon maître de chant, à ses frais, et continua à payer sa pension tant qu'elle vécut.

XXVIII

Le 13 août, Maria se mit en route pour Lucques; mais avant de quitter Sinigaglia, lorsque sa voiture traversa la place où se tenait la foire, notre artiste fut reconnue par quelques personnes du peuple qui commencèrent à l'applaudir. Alors la foule lui demanda de chanter et entoura sa chaise de poste, empêchant ainsi les chevaux d'avancer. Maria se mit à la portière, pria, supplia qu'on la laissât partir, mais en vain; alors elle se fâcha, se mit en colère, mais cela ne lui réussit pas davantage. Voyant qu'il n'y avait moyen d'en être quitte qu'en cédant aux prières de ce peuple récalcitrant, de guerre lasse, elle pria son ami de l'accompagner. Alors Bériot tire tranquillement de la boîte son violon, et les voilà, au milieu de la place, faisant des merveilles que l'écho aurait bien dû nous apporter jusqu'à Paris, et cela pour amuser cette foule de brocanteurs qui, au milieu de calculs arides et intéressés, trouvait encore dans sa nature du midi une corde sensible au cœur pour rendre hommage à la célèbre artiste.

Le directeur Azzolini avait engagé Maria pour donner quinze représentations au théâtre de Lucques : elle y joua pour la première fois l'*Inès de Castro* de Persiani, qui lui valut un brillant succès. Elle chantait cet opéra, du reste peu renommé par lui-même, d'une manière supérieure à tout éloge, et se montrait actrice parfaite dans plusieurs scènes, notamment dans celle de la fin, où elle était sublime. La *Sonnambula* et les *Capuletti* suivirent de près l'*Inès de Castro* et furent accueillis avec la même faveur. La jeune cour du duc était aux pieds de la charmante artiste. Un soir, on servit des rafraîchissements dans la loge du prince. Maria jouait. Le duc manifesta l'intention de lui envoyer une glace : c'était à qui obtiendrait la faveur de la lui offrir : un des favoris eut la préférence, mais à son retour, le duc, désireux de satisfaire les courtisans qui l'entouraient, tous jaloux de leur camarade, fit mettre en pièces la coupe qui avait servi à Maria, et en partagea les débris parmi ces jeunes enthousiastes.

Bientôt son engagement avec le duc Visconti Madrone l'appela à Milan ; elle y reparut d'abord dans la *Norma ;* ensuite elle joua alternativement la *Sonnambula, Otello* et les *Capuletti ed i Montecchi* de Bellini. Lorsqu'elle chantait, dans ce dernier opéra particulièrement, l'enthousiasme du public était à son comble... Les bouquets, les fleurs, les feuilles d'or et d'argent la couvraient pendant les apparitions qu'elle était obligée de faire, souvent jusqu'à vingt fois, au milieu d'un torrent d'applaudissements et de hourras. Qu'elle doit être délirante la sensation que l'artiste éprouve en face du public qui l'applaudit! quelle douce émotion doit saisir son âme en songeant qu'il tient pendant un instant toutes les volontés, tous les cœurs qui l'entourent, par un fil sympathique !... que pendant cet instant ils sont tous ouverts pour lui ; que des flots d'affection et d'enthousiasme jaillissent de chacun d'eux, pour venir se répandre autour de lui et lui être offerts comme hommage, pour prix de son talent ! Il y a là de quoi faire oublier toutes les angoisses, toutes les tortures auxquelles la vie de l'artiste dramatique est d'ailleurs soumise.

Après avoir joué à Milan treize fois, qui lui

furent payés 3,000 francs par représentation, elle partit dans les derniers jours d'octobre pour Naples, où elle avait signé un contrat avec la nouvelle société qui dirigeait alors les théâtres del Fondo et de Saint-Charles. Elle s'était engagée à chanter quarante fois, à 2,000 francs par représentation, plus deux bénéfices.

A peine arrivée pour la troisième fois à Naples, elle reparut le 11 novembre, avec le même succès, dans la *Sonnambula*, au théâtre del Fondo. Il est impossible d'avoir entendu Maria dans cet opéra sans en avoir conservé la plus profonde impression.... Cette douleur, ce désespoir, cet accent de sa voix, lorsque, dans le finale du premier acte, elle disait :

Io non son rea !

Et qui a pu l'entendre sans frémir jusqu'aux entrailles, lorsque, dans la cabaletta de l'air final,

Ah! non giunge uman pensiero
Al contento ond'io son piena,

elle transposait la phrase musicale, attaquant du sol grave au sol aigu, à l'intervalle des deux octaves?

Voici la phrase telle que Bellini l'avait écrite :

Voici comment Maria la rendait :

Je transcris ici les notes, mais je laisse aux personnes qui l'ont entendue et comprise à suppléer par la puissance de l'imagination à tout le charme de l'accent de sa voix. Comment rendre ensuite tout ce qu'il y avait de finesse, de grâce, de séduction dans le geste et les manières dont elle disait à son amant, et en se touchant le cœur.... *Scolta! ella è cui, nel petto*.... Et dans l'air final, ce mot si simple, *m'abbraccia*... qui a pu l'entendre, dans sa voix, sans un frémissement d'amour?.... Combien de tendresse, de souvenir, de passion, dans son accent incisif et vibrant!....... Admirable artiste, qui nous consolera jamais de ta perte?

Le 19 novembre, elle joua *Tancredi* au théâtre Saint-Charles et fut reçue froidement. Elle avouait naïvement le peu de sympathie qu'elle éprouvait pour ce rôle, qu'elle jouait, disait-elle, et qu'elle jouerait toujours gauchement, parce que, ajoutait-elle, *Tancredi* était un être insignifiant qu'elle n'aimait pas. Mais bientôt elle reprit tous ses avantages dans la *Norma*, donnée le 4 décembre.

Maria ne quittait jamais une ville sans y laisser des souvenirs de sa bienfaisance, soit qu'elle donnât des concerts ou des représentations au bénéfice des pauvres, soit qu'elle allât à la découverte de misères cachées, d'infortunes ignorées.

Très-souvent, dans la matinée, elle consacrait plusieurs heures à faire une sorte de pèlerinage de charité, visitant les plus horribles réduits et consolant les malheureux.

Souvent, dans les détails les plus simples de la vie, on retrouvait chez elle cette délicatesse qui ajoute tant de charmes au bienfait.

Par exemple, elle était adorable dans sa bonté pour un pauvre coiffeur français, artiste pitoyable, qui se trouvait à Naples sans ouvrage, et par lequel elle se faisait coiffer régulièrement tous les jours, sans manquer ensuite de se décoiffer aussitôt qu'il partait, se donnant ainsi la double peine de défaire et refaire l'ouvrage; et lorsque quelqu'un la plaisantait là-dessus, elle répondait : « Mais que faire pour ce pauvre homme? lui donner l'aumône l'humilierait ; il travaille, gagne sa vie, voilà qui est à merveille. Je me recoiffe ensuite à ma fantaisie ; on me trouve bien, le pauvre homme est content, et voilà tout ce qu'il faut. »

XXIX

Le marquis de Louvois, si bon, si digne de comprendre ce qu'il y avait d'élevé dans l'âme de notre artiste, s'était attaché sincèrement à elle. Il n'avait pas manqué au rendez-vous, et pendant son séjour à Naples, il vécut dans la société intime de Maria. Cette vie animée par la gloire, le plaisir, les arts, joints aux détails d'une vie privée toute remplie d'amour, de talent, de folie, même de sagesse, et toujours de bienfaisance, l'avait captivé. Ce contraste avec la vie positive et réservée du grand monde et avec la grave monotonie des séances parlementaires le charma, et pendant son séjour à Naples, il vécut dans l'intimité de notre charmante artiste.

Une preuve encore des qualités éminentes de Maria, c'était l'attachement pur qu'elle sut inspirer à tant d'hommes de mérite. Bien qu'elle fût peu reçue dans la société napolitaine, Maria se trouvait bien doucement dédommagée de cette privation par la manière affectueuse dont elle fut accueillie par quelques dames françaises alors à Naples, notamment la belle et charmante marquise de Lagrange et madame la marquise de La Ferté. Elle avait bien besoin de cet appui pour oublier les petits déboires que lui faisait supporter parfois la morgue aristocratique.

Ainsi, un jour de carnaval, madame de L..... eut la fantaisie de donner un petit bal déguisé, et voulant inviter Maria et ménager la susceptibilité de certaines exigences, elle eut l'excellente idée de disposer parmi les quadrilles une sorte de tente où Maria, habillée en bohémienne, chanterait la bonne aventure aux uns et aux autres. Eh bien! cette ruse si spirituelle, si conciliante, échoua complétement.

La maîtresse de la maison ayant appris que, dans la crainte que la grande artiste ne fût confondue avec ces grandes dames, plusieurs de celles-ci ne viendraient pas chez elle, renonça à son projet. C'est ainsi que l'orgueil mal dirigé peut devenir humble, et au lieu de se sentir assez fort pour anoblir et élever le faible, se donne assez peu de valeur pour se croire réduit à recevoir une souillure. Il est inutile de dire que madame de L..... laissa ignorer à Maria l'humiliation non méritée qu'enferme cette anecdote.

A Naples, Maria n'avait pas de femme de chambre et savait s'en passer malgré ses toilettes de théâtre. Elle trouvait toujours assez de temps pour préparer ses robes et ses parures, se décoiffer et se coiffer, comme nous venons de le voir, apprendre ses rôles, répéter le matin, jouer le soir, et il lui restait encore assez d'heures libres pour faire souvent de longues promenades. Un jour, elle fut à Castellamare ; là, elle attendit une cavalcade d'ânes, et, accompagnée de plusieurs amis, elle ne tarda pas à gravir les montagnes boisées de ses délicieux environs.

Vers un certain point de la route se trouvait un poteau sur lequel le prince de Capoue avait fait afficher une peine correctionnelle contre les imprudents qui oseraient s'engager dans les mystérieux sentiers de la *Villa Cassiana :* ne faisant nulle attention à la défense, la cavalcade continuait à chevaucher, lorsqu'au milieu de ses folles gaietés, une horde de sbires ou gardes, aux larges chapeaux de brigands, armés jusqu'aux dents, aborda notre bande joyeuse et la somma de mettre pied à terre.

En vain les uns et les autres employèrent tous leurs moyens de persuasion pour obtenir grâce, faisant valoir leur qualité d'étrangers et leur ignorance de la langue, ce qui les avait empêchés de comprendre l'avis écrit sur le poteau; rien ne put fléchir les inexorables sbires, et ils allaient déjà sévir contre l'inoffensive cavalcade, lorsque Maria, armée de son parasol, seul moyen de défense de la société, et assise toujours sur son âne, comme sur un trône étincelant, entonna un cantabile si large, si touchant, que les carabines et les chapeaux, frappés comme par magie, tombèrent aussitôt à ses pieds.

On aurait dit les cent têtes de Cerbère se pliant avec respect pour rendre hommage à la lyre d'Orphée.

XXX

En sortant de Naples du côté du nord-est, on se trouve sur la route del Vomero. Le chemin serait pénible à parcourir par les nombreux monticules dont il est composé, si, à chaque instant, il n'était pas varié par les beaux sites parsemés çà et là sur les bords.

Les riantes campagnes del Vomero, la villa

di Belvedere, et plus loin le fameux fort St.-Eluce, viennent tour à tour attacher l'attention. Mais bientôt la vue, mécontente du présent, comme un désir accompli et non satisfait, s'égare plus loin vers le lac d'Agnano, ou bien sur les ravissants alentours de Puzzol. Elle aperçoit encore plus loin les tourelles altières du palais de *Capo di Monte*, mais bientôt enfin, ramenée au but du voyage, elle se fixe et se repose sur le vert tendre de la forêt de châtaigniers du Mont Pausilippe, qui se déploie majestueusement devant elle.

A la cîme escarpée de ce mont, s'élève le couvent des Camaldules, où de pieux Cénobites, livrés à l'abstinence et à la méditation contemplent le ciel de plus près et demandent sans cesse à Dieu la paix de l'âme, le premier des biens de ce monde, en attendant avec une sainte résignation la fin de cette vie qui, toute fugitive qu'elle est, nous paraît encore parfois si longue.

Sur le plateau qui se prolonge au-devant du couvent, au bord d'un profond ravin, ayant à la droite le Mont-Vésuve, à gauche le vieux cratère de la Solfatara, et au pied, le superbe amphithéâtre de la ville de Naples, avec son port, ses mille vaisseaux, ses innombrables barques de pêcheurs, et la mer scintillante qui se prolonge comme l'espérance et la curiosité de l'homme, jusqu'à l'infini : c'est là, en face d'un si magnifique spectacle, que, par un beau jour du mois de mars, se trouvait Maria, accompagnée d'une bande joyeuse, venue pour y dîner et se livrer à de folles gaietés. On dansait la *tarentella* en ronde : au son du tambour de basque et des castagnettes, se mêlait le refrain joyeux :

La la ra la, La la ra la, an !

Puis Maria chantait le couplet :

Già la luna in mezzo al mare,
Mamma mia, si salterà
L'ora è bella per danzare
Chi è in amor non mancherà,

Et les autres de répondre :

La la ra la, la la ra la, an!

Tout à coup, les sons vagues d'un chant lugubre viennent frapper les oreilles.... On fait silence, on écoute.... A travers l'air parfumé du printemps, les prières de la mort arrivent distinctement jusqu'aux danseurs, et le glas triste et monotone de la cloche funèbre l'accompagne...... On s'inquiète, on cherche, et bientôt on aperçoit deux rangées de moines habillés de blanc, qui, le visage caché au fond de leurs capuchons, gravissaient à pas lents un monticule étroit et escarpé, au-dessus et à la gauche du couvent. Le sommet de ce monticule était le *Campo Santo* où l'on enterrait les pieux solitaires, et c'était pour rendre les derniers honneurs à un camaldule mort la veille, que le cortége s'acheminait vers ce lieu solitaire. Ce contraste de folles danses et de chant de mort frappa Maria et la ramena à des idées mélancoliques. Elle s'avança vers l'église dans l'intention d'y entrer, lorsqu'elle lut sur le mur extérieur qui enfermait cette enceinte sacrée, ces mots : ... *scomunica per le donne*... N'importe ! dit Maria, je veux essayer. Arrivée à la porte du couvent, elle sonna à plusieurs reprises.

Au bout de quelques instants, un jeune moine couvert d'un manteau blanc se présente à ses yeux... « Révérend père, lui demande-t-elle, n'y aurait-il pas moyen d'avoir une permission pour visiter le couvent?...— Signora, lui dit-il, notre règle est sévère; lisez la défense qui se trouve en dehors, et vous verrez que vous avez déjà violé notre asile... Veuillez donc vous éloigner.

» Auparavant, en signe d'hospitalité, veuillez accepter quelques fruits de notre jardin... » Et lui en ayant apporté un instant après en grande profusion... « Éloignez-vous maintenant, signora, lui dit-il, laissez-nous la paix, et priez pour nous ! »

FIN DU TOME PREMIER.

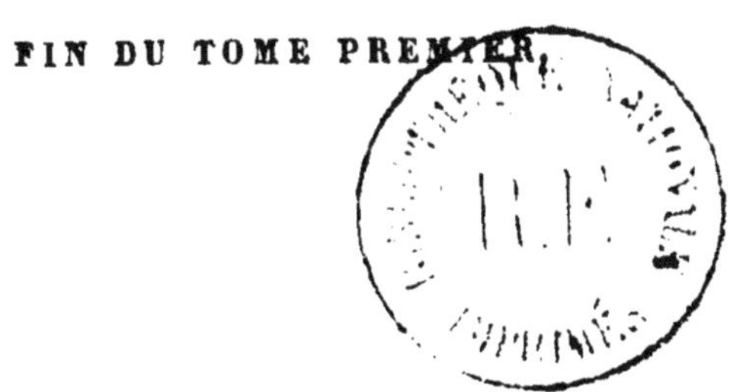

www.ingramcontent.com/pod-product-compliance
Ingram Content Group UK Ltd.
Pitfield, Milton Keynes, MK11 3LW, UK
UKHW021132260726
13994UKWH00001B/111

9 782329 418216